# C.H.BECK ■ WISSEN

in der Beck'schen Reihe
2009

Kleopatra – ihr Name ist Legende geworden, obwohl – oder gerade weil – wir kaum Sicheres über sie wissen. Ähnlich wie Alexander hat sie fast magisch auf jede Generation gewirkt. Die Geschichte der Kleopatra – sowohl die erlebte wie die erzählte – ist von Männern geprägt. Sie war zwar die Herrin eines selbständigen Gebietes, aber sie konnte dennoch nicht unabhängig handeln. Es waren Männer, die für sie bestimmten, in deren Kalkulationen sie lediglich ein Faktor unter vielen war. Von daher ist in dem Buch häufig von Caesar, Octavian und Antonius die Rede, zu deren Politik oder Leben Kleopatra gehörte. Die Darstellung folgt den Lebensabschnitten der letzten ägyptischen Herrscherin von ihrer Kindheit und Jugend bis zu ihrem rätselhaften Selbstmord. Nur wenige Frauen haben die Gemüter von Malern, Komponisten, Schriftstellern und Filmregisseuren derart fasziniert wie Kleopatra. Bei einigen Künstlern hat der Name das Bild einer bedeutenden Herrscherin, bei anderen das der großen Liebhaberin hervorgerufen. Wiederum andere sehen in ihr die – im übertragenen und direkten Wortsinn – männermordende Bestie, die sittenlose Dirne, die Ehebrecherin, die wahnsinnige Verschwenderin, ein Symbol für Luxus, Exotik und Erotik schlechthin. Ihre Person und ihr Name gerieten zur Chiffre für die Träume wie die Alpträume der Männer aller Zeiten.

*Manfred Clauss,* geboren 1945 in Köln, ist Professor für Alte Geschichte an der Goethe-Universität zu Frankfurt am Main. Er ist mit zahlreichen Schriften zu Staaten, Gesellschaften und Religionen in der Alten Welt hervorgetreten. Bei C. H. Beck sind bislang von ihm erschienen: Der magister officiorum in der Spätantike (4.–6. Jahrhundert). Das Amt und sein Einfluß auf die kaiserliche Politik (Vestigia 32), 1981. Sparta. Eine Einführung in seine Geschichte und Zivilisation, 1983. Geschichte Israels von der Frühzeit bis zur Zerstörung Jerusalems (587 v. Chr.), 1986. Mithras. Kult und Mysterien, 1990. Einführung in die Alte Geschichte, 1993.

Manfred Clauss

# KLEOPATRA

Verlag C. H. Beck

Mit neun Abbildungen im Text

Die Deutsche Bibliothek – CIP-Einheitsaufnahme

*Clauss, Manfred:*
Kleopatra / Manfred Clauss. – Orig.-Ausg. – München:
Beck, 1995
  (Beck'sche Reihe ; 2009 : Wissen)
  ISBN 3 406 39009 9
NE: GT

Originalausgabe
ISBN 3 406 39009 9

Umschlagentwurf von Uwe Göbel, München
© C.H. Beck'sche Verlagsbuchhandlung (Oscar Beck), München 1995
Gesamtherstellung: C.H. Beck'sche Buchdruckerei, Nördlingen
Gedruckt auf alterungsbeständigem (säurefreiem),
aus chlorfrei gebleichtem Zellstoff hergestelltem Papier
Printed in Germany

# Inhalt

# Vorwort

Mit Kleopatra begann die ‚Geschichte' Ägyptens: ‚Kleopatra' war das erste ägyptische Wort, das Ende der zwanziger Jahre des vorigen Jahrhunderts aus den Hieroglyphen auf einem Obelisken in Philae entziffert werden konnte.

Kleopatra! Ihr Name ist Legende geworden, obwohl – oder gerade weil – wir kaum Sicheres über sie wissen. Die antiken Zeugnisse zeigen die ägyptische Königin zwischen zwei Extremen: zum einen die Herrscherin, die mit Energie und Nachdruck ihre Politik durchzusetzen verstand; zum anderen die Liebende und Geliebte. Es handelt sich sämtlich um Zeugnisse von Männern, die also die schöne Zweideutigkeit des Wesens Frau zeigen, von der die Deuter der Weiblichkeit so viel zu sagen wissen.

Kleopatra war ungewöhnlich bis zur Rätselhaftigkeit, und sie entzieht sich weitgehend der Beurteilung. Ähnlich wie Alexander hat sie fast magisch auf jede Generation gewirkt. Jede Geschichte der Kleopatra besteht zu einem Teil aus Fakten und zu neun Teilen aus einer Mischung aus Legenden, Symbolen und Wünschen.

Die Geschichte der Kleopatra ist von Männern bestimmt, sowohl die erlebte wie die erzählte Geschichte. Sie war zwar die Herrscherin eines selbständigen Gebietes, aber sie konnte dennoch nicht unabhängig handeln. Es waren Männer, die für sie bestimmten, in deren Kalkulationen sie lediglich ein Faktor unter vielen war. Von daher ist auch in der folgenden Darstellung häufig von Caesar, Octavian und Antonius die Rede, zu deren Politik oder Leben Kleopatra gehörte.

Vor allem in dem Machtkampf nach dem Tod Caesars, als es zwischen Antonius und Octavian um nichts Geringeres ging als um das Römische Reich, war Kleopatra das Objekt der Begierde beider Römer. Beide wollten den Reichtum und die Machtmittel Ägyptens, die sie verkörperte, Antonius banden darüber hinaus sehr persönliche Gefühle. In eben diesen persönlichen Beziehungen versuchte Kleopatra ihrerseits Einfluß auf Antonius zu gewinnen, sicherlich auch in politischer Hinsicht. Damit kam sie nun vollends in den Sog des innerrömischen Ringens um die Macht, vor allem geriet sie in die Mühlen der propagandistischen Auseinandersetzung.

In jedem derartigen Propagandakrieg zählen Argumente wenig, geht es stattdessen darum, Emotionen zu schüren. Hier bot sich den Gegnern des Antonius, der sein Schicksal immer stärker an dasjenige der Kleopatra band, mit Zielrichtung auf die ägyptische Herrscherin ein ideales Betätigungsfeld. Es waren zwei Angriffspunkte, die sie Octavian und den aristokratischen Römern bot: Sie war eine Frau, und sie war eine Fremde. Gegenüber beiden ‚Aspekten‘ gab es jahrhundertealte Vorurteile, in der Person der Kleopatra bündelten sie sich. Die Vorbehalte gegenüber dem weiblichen Geschlecht äußerten sich in derben sexuellen Anspielungen, diejenigen gegenüber der Fremden in bewußt stilisiertem Unverständnis. Kleopatra unterlag schließlich Octavian, und damit bestimmte dessen Sicht auch die erzählte Geschichte. Sieger erzählen die Geschichte nun einmal so, wie sie wollen.

Diese Sicht der römischen Sieger ist weitgehend in die Darstellungen der Künstler in Mittelalter und Neuzeit eingegangen, aber auch in die der Wissenschaft. Bei modernen Historikern findet sich häufig folgende Stellungnahme: Die antiken Autoren hätten in ihren Ausschmückungen ja wohl stark übertrieben, aber es müsse historisch doch wohl etwas ‚dran‘ sein. Daß eine solche Feststellung überhaupt nichts *fest*stellt, ist klar. Weder der erste Teil des Satzes noch der zweite zeigen ernsthaftes Bemühen um ein wirkliches Verständnis. Historiker verraten bei ihren psychologischen Deutungen gerade der Kleopatra oft mehr über sich selbst als über die ägyptische Herrscherin. Allerdings ist das Ringen um die historische Wahrheit angesichts der Ausgangslage, der antiken Zeugnisse, schwierig.

Vielleicht hilft es, ein Buch zugunsten der Kleopatra zu schreiben, das parteiisch sein will – so wie jede historische Darstellung nicht umhin kann, bis zu einem gewissen Grade subjektiv zu sein.

# 1. Ägypten – Die Ptolemäer – Alexandria

In Ägypten entstand um 3200 v. Chr. eines der ersten Großreiche der Erde. Insgesamt 30 Dynastien von Pharaonen zählte Manetho, ein ägyptischer Priester, der unter Ptolemaios II. Philadelphos (S. 10) eine Geschichte seines Landes in drei Bänden schrieb. Als 27. Dynastie führte er die Perserkönige auf, die Ägypten von 525 bis 404 kontrollierten. Anschließend folgten nochmals drei einheimische Dynastien, die 343 mit Nektanebos II. endeten, als die Perser erneut Ägypten zu einer Satrapie, einer abgabepflichtigen Region ihres Reiches, machten. Nektanebos war vor den Persern geflohen, seine Spur verliert sich irgendwo in Nubien. Die Legende machte aus ihm den Vater des ‚Pharao‘ Alexander, den die Nachwelt Alexander den Großen nannte: Nektanebos habe durch magische Kräfte die Erscheinung des Zeus Ammon angenommen und sich in dieser Gestalt mit der Mutter Alexanders vereinigt. Die ägyptische Legende versöhnte sich auf diese Weise später mit dem Eroberer Alexander, der jene Perser besiegt hatte, von denen der Pharao vertrieben worden war. Mit Alexanders General Ptolemaios begann eine dreihundertjährige Herrschaft makedonischer Könige, die bis zum Tode Kleopatras andauerte.

Der Beherrscher Ägyptens war von alters her der reichste Mann der Welt. In seinem Preislied auf den zweiten Ptolemäer führt Theokrit seine Leser auf eine Reise durch das Land des Königs und schließt diesen Überblick (*Idylle* 17, 95): „An Reichtum aber wiegt er sämtliche anderen Könige auf." Dieser überquellende Reichtum Ägyptens war ein Geschenk, ein Geschenk des großzügigen Nil, der alljährlich in nahezu gesetzmäßiger Ordnung seine Ufer verließ, die Felder überschwemmte und sie mit seinem Schlamm düngte. Ägypten, das war der Nil.

Damit der Schlamm des Nil alle Felder erreichte, war es nötig, daß Kanäle angelegt sowie regelmäßig gepflegt und gereinigt wurden. Eine straffe Organisation lenkte die Kultivierung des Landes und die Ausbeutung der Menschen; auf allen Ebenen steuerten Beamte das Riesenheer der Bauern. Voller Stolz stellte ein solcher Mann die Leistung der Verwaltung heraus (*Papyrus Lansing 7*): „Der ungebildete Mann gleicht dem Esel, der beladen ist, der Schreiber aber ist es, der das geduldige Tier lenkt und treibt." Es war die Aufgabe der Bauern, zu arbeiten und zu gehorchen. „Niemand hat das Recht zu tun, was er will, aber alles ist zum Besten geregelt", heißt es in der Anordnung eines hohen Beamten (*Papyrus Tebtunis 703*, Zeile 230–232).

Je besser alles organisiert war, umso größer konnte das Gebiet sein, welches der Nilschlamm erreichte. Daran hingen die Fruchtbarkeit des Landes und am Ende der Ertrag des Königs. Denn alles Land gehörte dem König. Die ägyptischen Fellachen bebauten den Boden, und überall war es der König, der miterntete. Diese Ernte schließlich, vor allem das Getreide, brachten die Herrscher zu konkurrenzlos niedrigen Preisen auf den Weltmarkt.

Aus Gallien will Caesar nach eigenen Aussagen 40.000.000 Sesterzen Steuern gezogen haben (Sueton, *Caesar* 25, 1). Ägypten brachte seinen Herrschern zu Zeiten Ptolemaios' XII. (S. 15) 12.500 bis 14.000 Talente jährlich an Steuern (Cicero nach Strabo 17, 1, 13), was etwa das Achtfache ausmachte (1 Talent = 6.000 Drachmen ≈ 6.000 Denaren = 24.000 Sesterzen).

Auf- und ausgebaut hatten das spätere Reich der Kleopatra drei Könige, die zusammen etwas mehr als 100 Jahre regierten. Ptolemaios I. *Soter, der Retter,* der Sohn des Lagos, gründete nach dem Tod Alexanders die Dynastie (323–283), Ptolemaios II. *Philadelphos, der seine Schwester liebt,* baute das Reich aus (283–246), und unter Ptolemaios III. *Euergetes, der Wohltäter,* erreichte es seinen größten Umfang (246–221).

Lange hatten sich die Ptolemäer aus den Auseinandersetzungen der Römer mit den Griechen herausgehalten, doch seit der Mitte des 2. Jahrhunderts war dies nicht mehr möglich. Seit der Zeit des Ptolemaios VI. *Philometor, der seine Mutter liebt,* (180–145) war Ägypten ein römischer Klientelstaat, und jeder Nachfolger auf dem Thron hat sich wahrscheinlich um den Status eines *amicus et socius populi Romani,* eines Freundes und Bundesgenossen des römischen Volkes, bemüht. Der Reichtum des Landes war Grund genug für die Römer, in die inneren Belange Ägyptens einzugreifen, und das wollten die Ptolemäer verständlicherweise verhindern. Der unbekannte Autor des ersten Makkabäerbuches schrieb in jener Zeit das folgende Urteil, das beileibe nicht Ägypten allein betraf (1. *Makkabäer* 8, 13): „Alle, denen die Römer helfen und die sie herrschen lassen wollen, die herrschen. Bei denen sie dies nicht wollen, die setzen sie ab." Die Ptolemäer fielen unter die erste Kategorie, und so paradox es klingt: Es war vor allem der Reichtum Ägyptens, der es lange Zeit vor der direkten Übernahme durch die Römer rettete; denn in Rom gönnte keiner dem anderen diese fette Beute.

Wie der erste Ptolemäer erfolgreich die Herrschaft seiner Dynastie begründete, so war der zweite der Schöpfer einer sakralen Überhöhung dieser Herrschaft. Er verankerte die kultische Verehrung der Dynastie so sehr im täglichen Leben, daß trotz aller späteren Entartungen einzelner Könige die Dynastie als solche von der Bevölkerung nie in Frage gestellt wurde. Ptolemaios II. erhob seinen verstorbenen Vater zum *Theos Soter,* zum *Rettenden Gott,* und erbaute ihm einen Tempel. Nach dem Tod seiner Mutter ließ er seine Eltern als *Theoi Soteres,* als *Rettende Götter,* verehren. In einem weiteren Schritt richtete er den Kult der *Theoi Adelphoi* ein, der *Götter-Geschwister,* und forderte damit für seine verstorbene Gemahlin und für sich zu Lebzeiten göttliche Verehrung.

Seinen sichtbarsten und populärsten Ausdruck fand dieser Kult in den *Ptolemaia,* einem riesigen Volksfest, das alle vier Jahre gefeiert wurde und zugleich den ungeheuren Reichtum der Herrscher demonstrierte. Über die Feier des Jahres 271/70 ist ein Bericht erhalten, der mit seinen Superlativen den Leser in den Bann zieht (Athenaios 196 a–201 f). Aus aller Welt kamen die Zuschauer nach Alexandria, und 6.000 Menschen mit Festwagen und Bildern, 57.600 Fußsoldaten, 23.200 Reiter und Tausende von Tieren zogen an den Schaulustigen vorüber. 1.600 Knaben in weißen Gewändern trugen wertvolle Gerätschaften aus der königlichen Schatzkammer: 250 goldene und 400 silberne Kannen, 320 goldene und 630 silberne Kühlgefäße sowie 300 mit verschiedenen Farben bemalte Tongefäße. Der

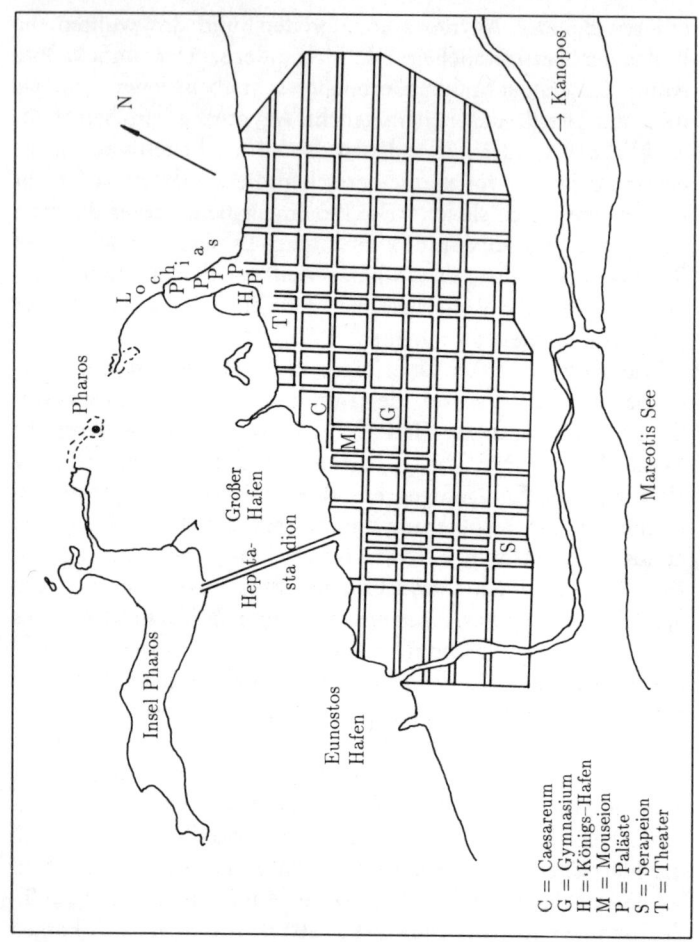

Abb. 1: Alexandria

C = Caesareum
G = Gymnasium
H = Königs–Hafen
M = Mouseion
P = Paläste
S = Serapeion
T = Theater

Höhepunkt war eine Darstellung des Gottes Dionysos: Auf einem 7,70 m langen und 4,40 m breiten Wagen wurde ein 4,50 m hohes Bild des Weingottes in goldbesticktem Purpurmantel gezeigt. 180 Männer zogen den Wagen des Gottes, der aus einem goldenen, 600 Liter fassenden Mischkrug Wein spendete. Die Bühne für dieses grandiose Schauspiel, an dessen Ende ein Festmahl stand, bei dem 2.000 Stiere geschlachtet wurden, bildete die Hauptstadt des Reiches: Alexandria.

Alexandria, schreibt ein Besucher aus den fünfziger Jahren des ersten vorchristlichen Jahrhunderts, lasse an Schönheit, Größe, Reichtum, Komfort und Luxus alle anderen Städte weit hinter sich (Diodor 17, 52, 5). Kann man das Verlangen, diese Stadt der Städte zu sehen, besser zum Ausdruck bringen als durch den Brief eines kleinen zornigen Jungen an seinen Vater, dessen grammatische Schwächen seiner Empörung keinen Abbruch tun? (Joachim Hengstl, Griechische Papyri aus Ägypten, München 1978, Nr. 82) „Das hast Du schön gemacht, nicht mitgenommen hast Du mich mit Dir in die Stadt. Wenn Du mich nicht mit Dir nach Alexandria nimmst, dann werde ich Dich weder einen Brief schreiben noch spreche ich mit Dich, noch wünsche ich Dich Gesundheit. Wenn Du nach Alexandria gehst, nehme ich keine Hand von Dir und grüße Dich nie wieder. Wenn Du mich nicht mitnehmen willst, wird es so!"

Sogar Rom, damals Zentrum der Macht im Mittelmeergebiet, stand in seiner Zivilisation und Kultur hinter Alexandria zurück. Als in Rom noch überwiegend Ziegelbauten gebräuchlich waren, prangte die ägyptische Residenz längst in marmorner Pracht. Großartige Tempel, Paläste, Säulengänge, Statuen und Brunnen säumten zwei 30 m breite, einander kreuzende Straßenzüge. Ein fast anderthalb Kilometer langer Steindamm, *Heptastadion,* verband das Festland mit der kleinen Insel Pharos, wo der 130 m hohe gleichnamige Leuchtturm, das Wahrzeichen Alexandrias, stand (Abb. 1), von den Zeitgenossen als eines der Weltwunder gepriesen. Nicht weniger berühmt war die gewaltige Bibliothek im *Mouseion,* welche die Ptolemäer im Laufe von zwei Jahrhunderten zusammengetragen hatten. Auf nahezu einer halben Million Papyrusrollen barg sie die Literatur der Antike. Damit überragte Alexandria alle anderen Städte der bekannten Welt auch an intellektueller Bedeutung. Neben der Bibliothek besaß die Stadt die besten wissenschaftlichen Institute, Observatorien, botanische und zoologische Gärten, wodurch die bedeutendsten Wissenschaftler der Zeit angezogen wurden. Ihnen folgten Schüler wie jener Philotas, ein Freund der Familie des Plutarch (S. 65), der in Alexandria Medizin studierte.

Für die Bereiche der Mathematik, Astronomie, Naturkunde, Medizin, Geographie und Philologie lassen sich berühmte Namen mit Alexandria verknüpfen: Euklid schrieb hier seine Elementarmathematik, Aristarch entdeckte, daß sich die Erde um die Sonne dreht, Ktesibios studierte den Luftdruck und baute Wurfgeschütze, die mit komprimierter Luft arbeiteten, Herophilos sezierte menschliche Leichname und untersuchte das Nervensystem, und Eratosthenes berechnete hier den Erdumfang; man trug in Alexandria die großen Werke der griechischen Literatur zusammen und edierte sie kritisch.

Am Meer gelegen, mit eigenem Hafen, bildete die Palast- und Gartenanlage der Könige innerhalb Alexandrias eine Stadt für sich. Der riesige Komplex der Palastanlagen hatte sich im Laufe der Zeit immer weiter in die Stadt hineingefressen; ursprünglich umfaßte er ein Fünftel des Stadtgebietes, schließlich ein Drittel. Die Pracht der Gebäude, der Luxus ihrer Ausstattung und die Üppigkeit der Parkanlagen galten als Inbegriff königlicher Machtentfaltung. Mit ihrer Grabstätte in der Nähe derjenigen Alexanders hielten die Ptolemäer die Erinnerung an den einstigen Herrscher der Welt aufrecht.

Aber es gab auch das andere Alexandria: die Vorstadt Kanopos, am Ende eines Kanals gelegen, der das Villenviertel durchfloß. Eigentlich war es ein heiliger Bereich des Gottes Sarapis, in Wahrheit aber die größte Vergnügungsstätte der Welt. Wer sich amüsieren und ausleben wollte, kam nach Kanopos. Hier gab es Schlemmerlokale und Freudenhäuser für jeden Geschmack und Geldbeutel. Hier kauften sich die Reichen ihre Tänzerinnen und Lustknaben zu mitunter horrenden Summen, wie Caesar das tat, der sich angeblich weigerte, sie seinem Kassenverwalter überhaupt zu nennen (Sueton, *Caesar* 47). Hier gab es Tanz und Theater von der großen Bühne bis zum vulgären Schmierentheater. Wer Kanopos nicht kannte, der kannte das Leben nicht! Wer nie in Alexandria gewesen war, der wußte nichts von den Freuden der großen Welt!

## 2. Die Zeit der Kindheit und Jugend

Kleopatra VII. wurde gegen Ende des Jahres 69 als Tochter des Königs Ptolemaios XII. geboren, den der Volksmund wegen seiner Manie, Chöre auf der Flöte zu begleiten, *Auletes,* den *Flötenspieler,* taufte.

Die Numerierung der ägyptischen Herrscher ist modernen Ursprungs und weist gerade bei den Ptolemäern Abweichungen auf. Nachdem in der Forschung Ptolemaios *Neos Philopator, der Jüngere, der den Vater liebt,* (145–144) als Mitregent seines Vaters Ptolemaios VI. (180–145) erkannt worden war und somit als Ptolemaios VII. geführt wurde, hat sich die Numerierung der Ptolemäer weitgehend standardisiert; neuerdings wird allerdings die Existenz dieses Ptolemaios VII. wieder in Frage gestellt, was leider bereits bei einigen Autoren zu einer erneuten Umnumerierung der Ptolemäer geführt hat. Doch auch in der älteren Forschung finden sich genügend Benennungen, die von der hier verwendeten abweichen, was dann auch Folgen für die Brüder und Kinder der Kleopatra hat. Zählt man, wie es hier geschieht, ihren Vater als Ptolemaios XII., ist ihr älterer Bruder Ptolemaios XIII., ihr jüngerer Ptolemaios XIV. und ihr Sohn *Kaisar* Ptolemaios XV. Ähnliche Unterschiede finden sich bei der Zählung der Herrscherinnen.

Über Kleopatras Kindheit wissen wir nichts, wir kennen nicht einmal die üblichen Anekdoten und Vorzeichen – ein einmaliges Phänomen für Persönlichkeiten ihrer Bedeutung. Auch in dieser Hinsicht war die römische *damnatio memoriae,* die Tilgung des Andenkens, gründlich. Wer ihre Mutter und zugleich die Mutter der später geborenen Geschwister war, ist nicht bekannt. Vermutungen – aber mehr als Vermutungen sind dies nicht, auch wenn sie nicht völlig aus der Luft gegriffen sind – erlauben es, an eine Heirat Ptolemaios' XII. mit einer Ägypterin aus ,besten' Kreisen zu denken, nämlich der hohepriesterlichen Familie aus Memphis, deren Mitglieder sich selbst gerne als ,große Vornehme Ägyptens' bezeichneten.

Aus einer solchen, zwar nicht außerehelichen, aber aus griechischer Sicht als illegitim betrachteten Verbindung könnte Kleopatra hervorgegangen sein. Eine derartige Herkunft würde die Tatsache besser verständlich machen, daß Kleopatra nicht nur perfekt Griechisch sprach, sondern im Gegensatz zu ihren Vorgängern auf dem Thron auch fließend Ägyptisch, also ihre ‚Mutter'sprache. Möglicherweise finden wir einen späten Nachhall der ägyptischen Herkunft in jenen jüdischen Sibyllen-Sprüchen, die im Zusammenhang mit dem Ende Kleopatras nicht vom Untergang Alexandrias, des Kristallisationspunktes des Griechischen, sondern demjenigen Memphis', des Inbegriffs des Ägyptischen, sprechen (*Oracula Sibyllina* 5, 16–18 = 12, 20–22).

Kleopatra wußte sich ferner in der Sprache der Äthiopen, Juden, Araber, Syrer, Meder, Parther, ja sogar der Troglodyten auszudrücken, jenes seltsamen Volkes am arabischen Meerbusen; so berichtet es Plutarch (*Antonius* 27, 4), in dessen Familie noch mündliche Traditionen über die Hofhaltung der Kleopatra fortlebten. Mit dem Hinweis des Plutarch auf die Bildung der Kleopatra erfassen wir ein Bild der ägyptischen Herrscherin, das sich von demjenigen der römischen Autoren erheblich unterscheidet (S. 104–109). Möglicherweise geht es auf die Königin selbst zurück und ist ebenso überzeichnet wie dasjenige der liebestollen Frau.

In den ersten beiden Jahrhunderten nach ihrem Tod schrieb man ihr im griechischen Osten eine Reihe von literarischen Werken zu, was bedeutet, daß man ihr ein Interesse an den entsprechenden Themen unterstellte. Daß man ihr nachsagte, ein Buch über Kosmetik verfaßt zu haben, überrascht nicht. Doch sie galt auch als Autorin eines Werkes über Maße, Gewichte und Münzen, über Gynäkologie sowie über Alchimie. Ein unbekannter Autor schrieb ihr eine führende Rolle in einem fiktiven *Dialog zwischen Kleopatra und den Philosophen* zu. Im 10. Jahrhundert charakterisierte sie der arabische Autor Al-Masudi als letzte bedeutende hellenistische Herrschergestalt (Les prairies d'or [Buch der Goldwäschen], hrsg. v. Charles Pellat, Paris 1962/65, Kap. 27): „Sie war eine Herrscherin, die mit den Wissenschaften vertraut war; der Philosophie sehr ergeben, zählte sie Denker zu ihren engsten Freunden. Sie war die Autorin von Werken über Medizin, Zauberei und anderen Bereichen der Naturwissenschaften." Kleopatra galt diesem Strang der Tradition nicht nur als wissenschaftlich engagiert, sondern auch als Förderin herausragender Leistungen der Ingenieurkunst. Schließlich war sie für Ammianus Marcellinus im 4. Jahrhundert die Erbauerin des Leuchtturms von Pharos (22, 16, 9), wobei er das Gebäude allerdings über 200 Jahre zu spät datierte.

Wie sah die ägyptische Königin aus? Welches Bild vermitteln die Münzen? Kleopatra war die erste Ptolemäerin, die Münzen mit eigenem Namen und eigenem Bild prägen ließ. Es sind im wesentlichen zwei Bildtypen, die wir ausmachen können, die nach den Prägeorten als alexandrinischer und als syrisch-römischer Typ bezeichnet werden.

Der alexandrinische Typ (Abb. 2a) entstand sicherlich in den ersten Regierungsjahren, als Kleopatra allenfalls 20 Jahre alt war. Es ist für hellenistische Münzportraits nicht ungewöhnlich, daß dieses erste Portrait dann ohne wesentliche altersgemäße Anpassung über Jahre hinweg beibehalten wurde. Je größer der zeitliche Abstand eines Portraits von der Entstehungszeit des Jugendbildnisses, desto größer wurde trotz möglicher Bemühungen des Künstlers um behutsame Angleichung an die Realität die Gefahr der Diskrepanz gegenüber der Wirklichkeit. Bei den alexandrinischen Münzen können wir somit in den späteren Jahren von einer zu jugendlichen und damit idealisierten Darstellung ausgehen.

Demgegenüber wurde das syrisch-römische Portrait (Abb. 2b) einige Zeit später, etwa um das Jahr 36, geschaffen. Das Gesicht der Herrscherin erscheint hier dem Alter entsprechend härter. Gleichzeitig spielt der Einfluß der römischen Stempelschneider eine Rolle, die menschliche Gesichtszüge bewußt streng gestalteten und eher das Alter als die Jugend betonten.

Auf den alexandrinischen Münzen trägt Kleopatra neben dem Diademband außer einer Kette oder gelegentlich einer Perle im Ohr keinen Schmuck. Die syrischen Prägungen zeigen die

Abb. 2: Münzbilder der Kleopatra – a) alexandrinischer Typ;
b) syrisch-römischer Typ

Königin mit dem Diadem und einem mit Perlen besetzten Haarnetz. Sie trägt mitunter einen Prunkmantel um die Schultern, dessen beide Zipfel mit großen, durch mehrere Perlenketten verbundenen Fibeln geschmückt sind.

Beide Portraits sind von den genannten Voraussetzungen beeinflußt und weichen vom Portrait einer Kamera ab. Man(n) sollte sich heutzutage jeden Kommentars darüber enthalten, ob Kleopatra schön war. „Ihre Schönheit an sich fand wohl ihresgleichen und vermochte nicht, durch den bloßen Anblick zu berücken", plaudert Plutarch (*Antonius* 27), „in der Unterhaltung übte sie dagegen eine unwiderstehliche Anziehung aus. Der Zauber ihrer Rede, die geistige Anmut ihres ganzen Wesens verliehen ihren Reizen einen Stachel, der sich tief in die Seele eindrückte." Es gab damals offenbar nur wenige Frauen, die ein Gespräch so intelligent zu führen wußten. Ihre Rede, ihr Esprit der Unterhaltungsgabe, ihr Witz und schauspielerisches Talent trugen zu ihrer Anziehungskraft ebenso bei wie ihre weiblichen Reize. „Ein Vergnügen war es auch", fährt Plutarch fort, „dem Klang ihrer Stimme zu lauschen. Ihre Zunge glich einer vielseitigen Leier; denn sie handhabe jede Sprache in der gleichen Vollendung."

Erich Kästner machte sich einmal über die Menschen des 20. Jahrhunderts lustig, die, wie er es ironisch überzeichnete, anhand von Stiluntersuchungen feststellen, daß Caesar Plattfüße hatte. Nicht weit von solcher Satire entfernt sind jene Forscher, die anhand der Münzportraits Krankheitsbilder oder den Charakter der Kleopatra konstatieren wollen oder mittels ihrer Abstammung auf Prozentpunkte genau den Anteil von makedonischem, persischem und griechischem Blut ausrechnen, wobei es dann vor allem um die mit solchen Anteilen verknüpften Charaktereigenschaften geht.

Kleopatras Vater Ptolemaios XII. hatte aufgrund innerer Unruhen in Alexandria aus Ägypten fliehen müssen. Er war nach Rom gegangen, weil er darauf setzte, von römischen Truppen unterstützt zurückkehren zu können. Dort erhielt er 59 v. Chr. seine Anerkennung durch hohe Geldzahlungen an Caesar und Pompeius; angeblich soll er damals beiden zusammen 6.000 Talente versprochen haben. So kam es nach langen innenpolitischen Querelen, durch Caesar veranlaßt, zu jenem denkwürdigen Senats- und Volksbeschluß, auf die schon beschlossene Annektierung Ägyptens zu verzichten und statt dessen Ptolemaios XII. als *Freund und Bundesgenossen des römischen Volkes* zu bezeichnen. Möglicherweise hat Kleopatra ihren Vater nach Rom begleitet. Als dieser sich in Athen aufhielt, priesen die Athener eine ‚elfjährige nubische Königstochter‘, die damals gerade ihrer verstorbenen Amme ein Denkmal errichten ließ (*Inscriptiones Graecae* 3, 1309 = Adolf Wilhelm, Annuaire de l'institut de philologie et d'histoire orientales 2, 1934 [Mélanges Bidez], 1007). Vom Alter her könnte es sich um Kleopatra gehandelt haben.

Ptolemaios hatte aus Alexandria fliehen müssen, und manche Alexandriner hofften, er sei tot. Als in Ägypten bekannt wurde, daß Auletes sich in Rom aufhielt, schickten die Alexandriner eine Gesandtschaft von nahezu 100 Mann dorthin, die sie gegen die Anschuldigungen des Auletes verteidigen sollte und zugleich eigene Klagen gegen den König vorbrachte. Auletes schaffte das Problem aus der Welt, indem er einige Gesandte umbringen ließ, andere einschüchterte oder bestach. Die Größe dieses Skandals galt selbst in Rom als ungewöhnlich, und so gab es eine Untersuchung im Senat, die allerdings wiederum in

Folge massiver Bestechungen im Sande verlief. Doch schließlich reagierte wenigstens der Himmel: Ein Blitz schlug in die Statue des Iupiter auf dem Albaner Berg ein, was als Zeichen für das Mißfallen der Götter galt.

Andererseits wurde gleichzeitig in Rom ein Orakelspruch der Sibyllen verbreitet (Cassius Dio 39, 15, 2): „Wenn der König Ägyptens kommt und um Hilfe bittet, sollt ihr ihm die Freundschaft nicht verweigern; unterstützt ihn aber nicht mit Truppen, sonst werdet ihr Mühen und Gefahren erleiden." Während in Rom noch endlos darüber diskutiert wurde, ob Auletes von Pompeius oder einem anderen Feldherrn nach Ägypten gebracht werden sollte, begab sich dieser nach Ephesos in den Tempel der Artemis; hier hoffte er, den Statthalter Gabinius – auch mit Geld – überreden zu können, ihn nach Alexandria zu bringen.

Dort saß inzwischen seine älteste Tochter Berenike auf dem Thron und befand sich auf der Suche nach einem geeigneten Ehemann. Erster Kandidat war ein Mitglied der Ptolemäerfamilie, das sich seit 75 in Rom aufhielt, ein Cousin des Auletes. In Rom trug man ihm die Hand der Berenike an, doch er starb, ehe die Verhandlungen abgeschlossen waren.

Der nächste Kandidat war ein Angehöriger der Seleukiden, eines anderen Diadochengeschlechts, ein Philipp II., Sohn des letzten Seleukidenherrschers Philipp, den Pompeius vom Thron verjagt hatte. Der römische Statthalter von Syrien, Gabinius, widersprach dieser Ehe, da sie gegen die Interessen Roms sei; für den jungen Mann war das *Veto* des Römers entscheidend.

Der folgende Versuch brachte endlich einen Ehemann – eine ganz aparte Gestalt. Auch er soll angeblich ein Seleukide gewesen sein. Was ihn allerdings vor allem auszeichnete, waren seine schlechten Manieren. Die Alexandriner nannten ihn ‚Pökelfischkrämer', und Berenike ließ ihn nach wenigen Tagen umbringen.

Als klar wurde, daß der syrische Statthalter Gabinius bereit war, Auletes wieder in Alexandria als Herrscher einzusetzen, sah sich Berenike nach Ehemann Nummer vier um und fand Archelaos, einen alten Freund des Antonius, der sich selbst als

Sohn des Mithridates von Pontos ausgab. Sowohl dieser Archelaos wie Auletes hatten Gabinius mit Geldsummen bedacht; letzterer war der Erfolgreichere von beiden. Im Jahre 55 wurde Alexandria schließlich von Gabinius erobert. In seinem Gefolge befand sich der damals siebenundzwanzigjährige Antonius. Er war es, der Pelusion im Handstreich nahm und damit das Schicksal Berenikes besiegelte. Ihm war es aber auch zu verdanken, daß sich die Rache des Auletes an seinen Gegnern und vor allem an den Alexandrinern im Rahmen hielt. Allerdings ließ Auletes seine Tochter Berenike und einige reiche Alexandriner töten, da er wieder einmal dringend Geld benötigte. Er setzte seinen römischen Hauptgläubiger Rabirius zum Finanzminister ein und regierte gleichsam als dessen Treuhänder noch vier Jahre lang.

In Alexandria soll Antonius ein junges Mädchen von vierzehn Jahren gesehen haben, das sein Schicksal werden sollte. Schon damals, so schreibt Appian (*Bürgerkriege* 5, 8), sei Antonius von der Schönheit der Kleopatra beeindruckt gewesen. Auch in der Antike strickte man gerne an Liebesgeschichten dieser Art.

# 3. Der Kampf um den Thron

Kleopatra sollte 39 Jahre alt werden und davon fast 22 Jahre regieren. Ihr Vater hatte fünf Kinder, und bei allen lassen sich persönlicher Mut, Ausdauer und Zähigkeit im Verfolgen politischer Ziele sowie der Drang nach Macht feststellen. Keines der Kinder starb eines natürlichen Todes. Die Älteste, Berenike, regierte während des Exils ihres Vaters und wurde von ihm bei seiner Rückkehr hingerichtet. Als Auletes im Februar/März 51 starb, lebten noch vier Kinder: Kleopatra VII., achtzehn Jahre alt, Arsinoë IV., etwa fünfzehnjährig, Ptolemaios XIII., zehn, und Ptolemaios XIV., acht Jahre alt.

Der ‚Flötenspieler‘ hinterließ ein Testament, dessen Exemplare er in Rom bei Pompeius und in Alexandria deponierte und das die Herrschaft zwischen seiner ältesten Tochter und seinem ältesten Sohn aufteilte. Das römische Volk beschwor er feierlich im Namen der Götter und unter Berufung auf die mit ihm geschlossenen Verträge, die Nachfolge seiner Kinder zu garantieren (Caesar, *Bürgerkrieg* 3, 108, 3). Es war der römische General Gabinius, der die Inthronisation der beiden Kinder des Auletes durchsetzte. Die Entscheidung zur Herrschaftsteilung mag sich aus der Überlegung ergeben haben, daß es weder sinnvoll sei, Kleopatra zu übergehen, noch, eine Frau alleine regieren zu lassen. Kleopatra und Ptolemaios XIII. wurden der Sitte der Dynastie gemäß miteinander verheiratet. In adligen Familien besteht häufig der Wunsch nach einer standesgemäßen Heirat; so war es auch bei den Ptolemäern. Die einzig passende Ehefrau konnte nur eine Prinzessin aus königlichem Hause sein, und zwar die Tochter eines gekrönten Königs. Die Alternative dazu war, daß Geschwister untereinander heirateten (vgl. S. 10 den Beinamen Ptolemaios II.), was auch Kleopatra und ihr Bruder taten.

Kleopatra nannte sich *Philopator,* die *Vater-Liebende,* um sich der außenpolitischen Linie ihres Vaters anzuschließen und sich von den Zielsetzungen ihrer Schwester Berenike abzugrenzen. Daher setzte Kleopatra auch aus propagandistischen

Gründen ihr erstes Regierungsjahr mit dem 30. ihres verstorbenen Vaters gleich, das offiziell am 5. September 52 begonnen hatte. Sie trug nun die Krone Ägyptens, eine der ältesten Kronen überhaupt.

Als Kleopatra auf den Thron kam, schien die Dynastie der Ptolemäer am Ende. Wichtige Teile des Territoriums wie Syrien, Kyrene und Zypern waren verloren. Die Würde des Königshauses war mit dem ‚Flötenspieler‘ als Diener der Römer auf einem Tiefpunkt angekommen. Ägypten galt nahezu als römische Provinz. Kleopatra jedoch gelang, was einem männlichen Herrscher in gleicher Position vielleicht nicht möglich gewesen wäre: Sie bewahrte die Selbständigkeit Ägyptens gegenüber den römischen Generalen.

Zunächst aber sah Alexandria wieder einmal eine Auseinandersetzung der beiden Königskinder, die unmittelbar nach ihrer gemeinsamen Thronbesteigung begonnen haben muß. Im Jahre 51, im ersten Jahr der gemeinsamen Regierung, war in Hermonthis, südlich von Theben gelegen, der heilige Buchis-Stier gestorben, in dem die Ägypter die lebende Seele des Sonnengottes Amon Re verehrten. In einer Inschrift aus dem Bucheum, welche die Einführung eines neuen Stieres am 22. März 51 beschreibt, findet sich zunächst der formelhafte Eintrag, den man nicht wörtlich zu nehmen hat, daß der Stier durch den König selbst eingeführt wurde (Robert Mond – Oliver H. Myers, The Bucheum, London 1934, Bd. 2 Nr. 13). Daran schließt sich allerdings der Satz an: „Die Königin, die Herrin der beiden Länder (Ober- und Unterägypten), die Vater-Liebende Göttin, ruderte ihn (den Stier) in der Barke des Amon zusammen mit den königlichen Schiffen im Beisein der Einwohner von Theben und Hermonthis und der Priester." Dies besagt, daß Kleopatra im Gegensatz zu ihren Vorgängern bei der Zeremonie persönlich anwesend war und ihren Bruder bereits aus dem offiziellen Herrschaftsbereich verdrängt hatte, da er nicht einmal erwähnt wird.

Ein ähnliches Bild vermittelt die Inschrift einer Stele aus dem Fayum, einem unterägyptischen Bezirk, vom 2. Juli 51 (Etienne Bernand, Recueil des inscriptions grecques du Fayoum, Bd. 3,

Kairo 1981, 205; Abb. 3). Der Vorsteher und Oberpriester eines lokalen Isis-Heiligtums, Onnophris, weihte eine Stele „zu Ehren der Königin Kleopatra, der Vater-Liebenden Göttin". Ihr Bruder wird nicht genannt. Das Relief der Stele zeigt Kleopatra beim Opfer an Isis, welche den Horusknaben stillt.

Abb. 3: Stele für Kleopatra

Gabinius hatte nach der Inthronisation des Herrscherpaares eine ‚römische' Armee zurückgelassen, die ‚Gabinianer', die aus Galliern und Germanen bestand und in der Nähe von Alexandria lagerte. Diese Soldaten schlossen Ehen mit Frauen verschiedenster Nationalitäten und gaben dadurch zu erkennen, daß sie gewillt waren, im Lande zu bleiben. Als der Prokonsul von Syrien, M. Calpurnius Bibulus, zwei seiner Söhne nach Ägypten schickte, um die Armee nach Syrien in den Krieg zurückzuholen, wurden diese erschlagen. Kleopatra, welche die Römer nicht hatte schützen können, übersandte die Mörder dem Prokonsul zur Bestrafung.

Diese sozusagen erste bekannte Regierungshandlung zeigt, daß sie um gute Beziehungen zu den Römern bemüht war. Die Auslieferung der Mörder hatte später zur Folge, daß die Gabinianer auf seiten Ptolemaios' XIII. standen.

Im dritten Jahr ihrer Regierung, das vom 5. September 50 bis zum 3. September 49 dauerte, muß die faktische Alleinherrschaft der Kleopatra zu Ende gegangen sein. Es gelang den Ratgebern Ptolemaios' XIII., diesem seinen vorgesehenen Anteil an der Regierung zu verschaffen, so daß es während einer kurzen Zeitspanne zu einer gemeinsamen Herrschaft beider Kinder des Auletes kam. Wichtige Positionen in der Umgebung Ptolemaios' XIII. nahmen drei Personen ein, die zu den Ratgebern des Königs zählten. Der bedeutendste und einflußreichste war der Eunuch Potheinos, der die allgemeine Verwaltung und zeitweilig die Finanzen kontrollierte; er war der Vormund des jungen Königs. Die beiden anderen waren der Erzieher und Rhetoriklehrer des Herrschers, Theodotos von Chios, sowie Achillas, der Oberbefehlshaber der Truppen.

Da Ptolemaios XII. auch durch die Bemühungen des Pompeius Magnus auf den Thron gekommen war und auch Calpurnius Bibulus zu dessen Anhängern zählte, erhielt Cnaeus Pompeius, der Sohn des Magnus, Hilfe, als er im Frühjahr/Sommer 49 nach Alexandria kam. Kleopatra und Ptolemaios XIII. unterstützten ihn mit etwa 60 Schiffen, Geld; Proviant und 500 Mann der Gabinianer. Plutarch ist es diesmal, der Kleopatra eine Liebesaffäre mit dem Sohn des Pompeius andichtet (*Antonius* 25).

Wohl noch in diesem Jahr, im Hochsommer 49, ist Kleopatra dann durch ihren Bruder und dessen Ratgeber von der Herrschaft ausgeschlossen worden. Sie zog sich zunächst aus der Hauptstadt nach Oberägypten in die Thebais zurück, wo sie auch später sehr beliebt war. Im Dezember 49 erkannte der von Pompeius in Thessalonike versammelte Senat Ptolemaios XIII. als Herrscher Ägyptens an, nicht aber Kleopatra. Wenige Monate bevor Caesar in Ägypten ankam, wurde sie endgültig aus dem Land vertrieben (Caesar, *Bürgerkrieg* 3, 103).

Die ersten Regierungsjahre waren Jahre interner Auseinandersetzungen, offener oder verborgener Kämpfe der Herrschenden gegeneinander gewesen. Es scheint, als ob Ptolemaios XIII. trotz seiner Jugend, sicherlich nicht zuletzt aufgrund seiner drei Ratgeber, in diesem Kräftemessen schließlich ein ebenbürtiger Gegner Kleopatras gewesen ist. Am Ende war er bereit, nicht nur gegen Kleopatra die Waffen zu ergreifen, sondern auch gegen Caesar – und gegen die Römer sollte er letztlich kämpfend untergehen.

# 4. Caesar in Ägypten

Die Mittelmeerwelt stand im Jahre 49 vor dem Ausbruch des Krieges zwischen Pompeius und Caesar. Der gesamte griechische Osten war Pompeius verpflichtet, insbesondere das Herrscherpaar in Alexandria, da Auletes sein Gastfreund in Rom und Gabinius ein Gefolgsmann des Pompeius gewesen war.

Die Auseinandersetzung verlangte von den Städten des griechischen Ostens großes Fingerspitzengefühl, oder sie brauchten Glück: Glück, um sich möglichst rechtzeitig, wenn man dazu überhaupt in der Lage war, für die richtige Seite zu entscheiden, Fingerspitzengefühl und diplomatisches Geschick, um im Falle einer falschen Entscheidung mit dem Sieger rasch ins reine zu kommen.

Eine besonders schwierige Entscheidung stand in Alexandria an, als dort Ende September 48, nach seiner verheerenden Niederlage bei Pharsalos, Pompeius eintraf. Er hoffte, in Alexandria Hilfe zu erhalten, denn noch im Jahr zuvor hatte Kleopatra zur Unterstützung seiner Anhänger Schiffe geschickt. Aber Pompeius kam auch in Ägypten in eine Bürgerkriegssituation und geriet somit zwischen die Fronten. Kleopatra war aus dem Land vertrieben worden; für den Versuch, den Thron zurückzuerobern, sammelte sie arabische Truppen in der östlichen Wüste. Ptolemaios XIII. hatte Alexandria verlassen, lagerte nahe bei Pelusion und kontrollierte die Aktionen seiner Schwester, um sie an eben dieser Rückkehr zu hindern. Folglich wandte sich Pompeius an Ptolemaios und dessen Ratgeber, als er an Land gehen wollte; denn es waren immer noch die Ratgeber Potheinos, Theodotos und Achillas, welche die Politik des Dreizehnjährigen vorwiegend bestimmten. Die Überlegungen der drei mag Lucan richtig wiedergegeben haben (*Pharsalia* 475–535): Pompeius aufnehmen hieß, sich Caesar zum Feind zu machen. Man setzte auf den Sieger Caesar und tötete den Verlierer Pompeius. „Ein Toter beißt nicht", hieß ihre Devise (Plutarch, *Pompeius* 77). Die Ermordung des Pompeius sicherte

Ptolemaios XIII. neben Kain und Judas einen Platz in Dantes Inferno.

Drei Tage später, am 1. Oktober 48, landete Caesar in Alexandria, wo er etwas länger als ein halbes Jahr bleiben sollte. Aus dem Bürgerkrieg gegen Pompeius kam auch er direkt in den Bürgerkrieg in Ägypten; auf die Ermordung seines Rivalen reagierte er allerdings nicht so, wie die ägyptischen Minister es erhofft hatten: Caesar erwies sich nicht nur in keiner Weise als dankbar, sondern er begann sogar, sich in Alexandria zu etablieren. Als kriegführender römischer Konsul betrat er mit Liktoren die Stadt, richtete sich im Palast ein und ließ erklären, er sei gekommen, um dem Testament des Auletes gemäß die Thronstreitigkeiten zu beenden. Caesar hatte für dieses Vorgehen sogar eine rechtliche Handhabe, obgleich römische Generale auch ohne eine solche handelten, wenn sie es für opportun hielten. Auletes hatte die gemeinsame Regentschaft von Kleopatra und Ptolemaios XIII. ja unter den Schutz des römischen Volkes gestellt. Daher forderte Caesar als *tutor regis,* als Vormund des Königs, die beiden verfeindeten Geschwister auf, ihre Truppen zu entlassen und sich seinem Urteil zu unterwerfen.

Kleopatra gehorchte auf der Stelle, denn sie war in der schwächeren Position. Sie trennte sich von ihren Truppen und machte sich auf den Weg nach Alexandria. Ihre Ankunft im Palast wird von Plutarch zu einer Burleske ausgemalt, die sicherlich zu den bekanntesten Szenen ihrer Lebensbeschreibung gehört: Da Stadt und Palast noch von Kleopatras Gegner, ihrem Bruder, kontrolliert wurden, ließ sie sich, in einen Reisesack verpackt, in dem man Bettwäsche während der Reise transportierte, nachts heimlich in den Palast zu Caesar bringen. Was auch immer die Einundzwanzigjährige in dieser Nacht tat – Historiker und Dichter haben es auf hunderterlei Art geschildert, obgleich man dies besser der Phantasie jedes einzelnen überlassen sollte –, sie war im Palast, sie war in Sicherheit, und ihre Anwesenheit zwang die Gegenseite zum Handeln, vor allem dann, wenn sich die Sympathien Caesars, des ἐρωτικώτατος, des zuhöchst erotischen Mannes, wie Cassius Dio urteilt

(42, 34, 3–4), erkennbar der jungen Frau zuwandten, die, nach der Einschätzung desselben Historikers, „damals in der Blüte ihrer Jugend besonders berückend war".

Nun handelte Potheinos, der sich weiterhin im Palast befand. Er hatte zwar Ptolemaios nach Alexandria gebracht, die Armee aber nicht entlassen. Es gelang ihm, in der Hauptstadt einen Aufstand gegen Caesar anzuzetteln, weil dieser unter anderem Geld zurückverlangte, das ‚Rom' von Ptolemaios XII. zu bekommen hatte. Die etwa 3.000 Talente, das heißt 72.000.000 Sesterzen, die ihm Ptolemaios versprochen hatte (S. 19), verlangte Caesar sofort. Über diese Summe kam es zu Auseinandersetzungen mit Potheinos, der auf Caesars Abreise drängte. Um diese zu beschleunigen, schürte er in den Straßen Alexandrias immer häufigere Zusammenrottungen empörter Stadtbewohner, die römische Soldaten erschlugen, wenn sie diese isoliert antrafen. Gleichzeitig störte Potheinos die Versorgung der römischen Truppen erheblich. Als er die Zeit zu einem offenen Angriff für gekommen hielt, schlug er los. Achillas erhielt den Befehl, mit dem Heer von Pelusion nach Alexandria zu kommen. Der *Alexandrinische Krieg*, einer der merkwürdigsten, den Caesar je führte, hatte begonnen.

Caesar war nach Ägypten gekommen, um den fliehenden Pompeius festzunehmen, eine Aktion, zu der er kein größeres Heer benötigte. Er beging wohl den Fehler, den Mord an Pompeius ausschließlich als Parteinahme für sich selbst aufzufassen, und erkannte nicht den Willen der ägyptischen Führung, grundsätzlich von Rom unabhängig zu sein. Für einen Feldzug, schreibt Sueton (*Caesar 35*), war er völlig unvorbereitet. So standen ihm nur wenige Schiffe mit einigen Soldaten zur Verfügung. Außerdem lagerte seine kleine Flottille im ‚Großen Hafen', und um das offene Meer zu gewinnen, hätte sie die Enge zwischen Lochias und dem Leuchtturm passieren müssen (Abb. 1; S. 12). Im Eunostos-Hafen lag die ägyptische Flotte von 72 Schiffen, die zu den besten des östlichen Mittelmeeres zählte. Caesar handelte in dieser Lage energisch wie immer. Zunächst ließ er die ägyptische Flotte in Brand setzen. Mit den Schiffen fingen einige Magazine Feuer, in denen Getreide und Papyrus, zwei Hauptexportgüter, lagerten; angeblich sollen 40.000 Rollen verbrannt sein. Die spätere Legende machte daraus den Brand der Bibliothek von Alexandria.

Um allerdings die Stadt verlassen zu können, hätte die eben beschriebene Passage unter Kontrolle gebracht werden müssen. Pharos und Lochias-Spitze, wo sich inzwischen ägyptische Artillerie festgesetzt hatte, wären zu erobern gewesen. Um sich aber in der Stadt zu behaupten, brauchte Caesar Soldaten, die er in ausreichender Zahl nicht zur Verfügung hatte. Seinen 3.200 Fußsoldaten und 800 Reitern standen 22.000 und 2.000 feindliche gegenüber. Was die bessere Ausbildung der Römer anbelangt, so mochte sie in einer Feldschlacht zählen, nicht aber im Straßenkampf. Die Alexandriner galten wegen der häufigen Unruhen in ihrer Stadt im Labyrinth der Straßen als Meister der Barrikaden.

Da Caesar nicht fliehen konnte, mußte er auf Hilfe von außen warten. Dabei war allerdings nicht auszuschließen, daß die Pompeianer, die immer noch stark waren, von der Lage Caesars erfuhren und sie ausnutzten. Dies geschah nicht, und daß es nicht geschah, läßt sich am einfachsten mit dem sprichwörtlichen Glück Caesars erklären.

Caesar baute den Palast und das Theater zu einer Festung aus. Zugang bestand zum Großen Hafen, und er verteidigte diesen Bereich, da er nicht die ganze Stadt gegen die Aufständischen halten konnte. 800 Soldaten sollten bei der Verteidigung im Laufe der Monate ihr Leben lassen. Innerhalb des Palastes lebten Caesar, Kleopatra, Potheinos, Ptolemaios XIII. und die übrigen Mitglieder der königlichen Familie in einer angespannten Lage, die man durchaus mit einem gegenseitig kontrollierten Hausarrest vergleichen kann. In dieser Situation ließ Caesar Potheinos hinrichten; Arsinoë, die Schwester Kleopatras, floh ins Lager des Achillas, wo sie als Königin ausgerufen wurde. Es kam rasch zu einem Zerwürfnis zwischen der Ptolemäer-Tochter und Achillas, der gestürzt und getötet wurde. Caesar entließ dann Ptolemaios XIII. zu seinem Heer; es war der Versuch, den

Kampf zu verhindern, da zu diesem Zeitpunkt die Hilfe von außen, eine Legion, die er von seinem Vertrauensmann in Asien, Cn. Domitius Calvinus, angefordert hatte, noch nicht angekommen war.

Im Laufe des Dezember traf diese sehnsüchtig erwartete Legion ein, und im Februar kämpfte sich Mithridates von Pergamon mit einer Armee aus Nabatäern und Juden durch Palästina, umging Pelusion und erreichte Alexandria. In der Nacht vom 25. auf den 26. März konnte Caesar mit seinen Truppen den Palast verlassen und sich mit denen des Mithridates vereinigen. Am nächsten Tag kam es zum Kampf gegen die Truppen Ptolemaios' XIII., der unterlag und mit zahlreichen seiner Soldaten fiel. Alexandria kapitulierte, die ägyptische Frage konnte endlich gelöst werden: Kleopatra, die während der gesamten Zeit der Kämpfe nur hatte abwarten können, wurde wohl unmittelbar darauf mit ihrem jüngsten Bruder, Ptolemaios XIV., vermählt und erneut inthronisiert. Damit waren die Verhältnisse ganz im Sinne Roms geordnet worden. Arsinoë schickte man nach Rom, wo sie später in Ketten im Triumphzug Caesars mitgeführt werden sollte. Nur wenige Tage nach der Inthronisation, so schreibt Hirtius (*Der Alexandrinische Krieg* 33, 4), hatte Caesar Alexandria bereits verlassen; dies dürfte in der ersten Aprilhälfte gewesen sein.

So blieben nach der Inthronisation nur einige Tage des Miteinander für Caesar und die Königin, falls überhaupt. Vielleicht ‚vertrödelte' Caesar einige Tage mit Kleopatra, viele waren es ohnehin nicht, aber muß man immer und überall politisch handeln? Muß man vor allen Dingen immer die Gefühle den politischen Erfordernissen unterordnen, wie es die römisch-männliche Geschichtsschreibung verlangte?

In keiner modernen Erzählung über Kleopatra fehlt die gemeinsame Nilfahrt mit Caesar auf dem ägyptischen Staatsschiff. Allein die antiken Quellen wissen von ihr fast nichts. Bei Lucan, der über 100 Jahre nach den Ereignissen schrieb, kommt erstmals der Nil in den Blick, als Caesar gegenüber einem Gesprächspartner die Neugier an den Tag legt, die Quellen des Nil kennenzulernen (*Pharsalia* 10, 192). ‚Die

Quellen des Nil suchen' war sprichwörtlich für die Römer und bedeutete, sich um etwas Vergebliches zu bemühen. Offensichtlich haben einige Autoren diese Bemerkung zum Nennwert genommen. Nach Sueton, der 170 Jahre nach Caesars Aufenthalt in Alexandria schrieb, wollte Caesar mit dem ägyptischen Staatsschiff zu einer Nilreise aufbrechen; er sei allerdings durch die Weigerung seines Heeres, ihm zu folgen, daran gehindert worden, die Reise bis zum Ende zu führen (*Caesar* 52, 1). Wiederum 30 Jahre später, wir sind jetzt schon zwei Jahrhunderte von den Ereignissen entfernt, zeigt Appian Caesar mit einer Flotte von 400 Schiffen auf dem Nil (*Bürgerkriege* 2, 378). So romantisch auch die Vorstellung einer solchen Liebesfahrt unter ägyptischer Sonne sein mag, sie hat wohl nie stattgefunden.

Bei seinem Abschied ließ Caesar drei Legionen unter Rufinus in Alexandria, die dort die Stabilität seiner Maßnahmen garantieren sollten; später verlegte er eine weitere dorthin. Von den Ratgebern Ptolemaios' XIII., Potheinos, Theodotos und Achillas, war niemand mehr am Leben. Kleopatra regierte sicher unter dem Schutz römischer Truppen, die allerdings ebenso der Kontrolle ihrer Handlungen dienten.

Caesar selbst zog auf dem Landwege nach Syrien und bestieg ein Schiff nach Tarsos. Bereits am 2. August des Jahres schlug er Pharnakes, König des Bosporanischen Reiches und Pompeianer, in einer Schlacht bei Zela in Pontos, von der er die berühmte Meldung – ursprünglich ein griechisches Sprichwort – nach Rom schickte: *veni, vidi, vici,* ich kam, ich sah, ich siegte, angesichts des tatsächlichen langwierigen Kampfverlaufs ebenso ein Zeugnis seiner stilistischen Eleganz wie seines propagandistischen Geschicks.

Anfang April hatte Caesar Ägypten verlassen, im September gebar Kleopatra einen Sohn: Ptolemaios Kaisar. Eine in der Sprache der Ägypter geschriebene Inschrift nennt den 6. September des Jahres 47, „der auch der Festtag der Isis ist, den Geburtstag des Königs Kaisar" (Heinrich Brugsch, Thesaurus Inscriptionum Aegyptiacarum, 5. Abt., Leipzig 1891, 889). Möglicherweise wurde diese Parallelität später konstruiert. Da

Kleopatra sich als Göttin Isis feiern ließ, war es adäquat, wenn sie ihren Sohn an diesem Tag zur Welt gekommen sein ließ; wenn der Tag tatsächlich der Geburtstag war, umso besser. Caesars Vaterschaft ist zwar von modernen Historikern bestritten worden, die meisten antiken Autoren aber hatten solche Zweifel nicht.

# 5. Kleopatra in Rom

Als Caesar im Herbst 46 nach Rom zurückkehrte, feierte er einen Triumph anläßlich der Unterwerfung von vier Ländern: Gallien, Pontos, Libyen und Ägypten. In dem Triumphzug wurden zwei Personen mitgeführt, die Ägyptens Vergangenheit und Zukunft verkörperten, auch wenn die Zeitgenossen dies noch nicht wissen konnten. Die Vergangenheit, das war Arsinoë, die zusammen mit Ptolemaios XIII. besiegt worden war, die erste Königin, die in Rom als Gefangene vorgeführt wurde. Die Zukunft, das war ein kleiner Knabe, Juba von Mauretanien, der später die Tochter der Kleopatra und des Antonius heiraten sollte. Kleopatra war bei diesem Triumph nicht anwesend, aber sie traf wenig später auf Caesars Einladung in Rom ein, offiziell, um den Abschluß eines Bündnisses zwischen Rom und Ägypten zu betreiben. Sie residierte jenseits des Tiber in den Gärten Caesars. Begleitet wurde sie von ihrem Mitkönig und offiziellen Gemahl, ihrem Bruder Ptolemaios XIV., ihrem Sohn Kaisar und einem großen Gefolge. Bald nach ihrer Ankunft in Rom reiste Caesar nach Spanien ab und überließ sie fast ein Jahr lang sich selbst und den Römern.

Kleopatra vermittelte der ,high society' Roms, die sich regelmäßig in ihrem Salon traf, einen Eindruck davon, was königliche Ausstrahlung und Reichtum sein konnten. Die Pracht ihrer Gartenfeste und Empfänge sowie der Luxus ihrer Bankette hatten sich schnell herumgesprochen. Bei solchen Anlässen hielt ihr Lieblingsphilosoph Philostratos seine stilistisch sorgfältig ausgearbeiteten Reden und führte Streitgespräche, an denen sich auch Kleopatra beteiligte. An anderen Tagen trat der stadtbekannte römische Sänger Hermogenes auf, der ,Salbenduftende', und unterhielt die Gäste.

Man redete Kleopatra als Königin an, ohne einen weiteren Namen zu nennen. „Ich hasse die Königin", schrieb Cicero im Juni 44 über sie, als von ihr keine Gefahr mehr drohte (*Briefe an Atticus* 15, 15). Jedermann wußte, wen er meinte. Auch mit dem Versprechen, einige seltene Bücher aus Alexandria zu beschaffen, hatte sie Cicero nicht für sich gewinnen können, wie ihr das mit vielen anderen gelang. Immerhin verrät Cicero zwischen den Zeilen, daß Kleopatra literarisch interessiert war.

Als Caesar im Oktober 45 heimkehrte, überschüttete er die Königin mit Ehren. Er ließ eine goldene Statue der Kleopatra, die die Inkarnation der Göttin Aphrodite, der römischen Venus, war, im neu erbauten Tempel der Venus auf dem Caesarforum aufstellen, jener Venus Genetrix, welche als Schutzgöttin der Familie Caesars galt. Außerdem erkannte Caesar den kleinen Kaisar als seinen Sohn an, was allerdings nach römischem Recht ohne Bedeutung blieb, weil im römischen Erbrecht nur Kinder aus einer legitimen Ehe bedacht werden konnten.

Es war zweifellos eine sonderbare Atmosphäre in jenen sechs Monaten, in denen sich Kleopatra und Caesar gemeinsam in Rom aufhielten. In seiner Amtswohnung lebte Caesar mit seiner Gemahlin Calpurnia, eine Viertelstunde entfernt, in seiner Villa, residierte seine Geliebte. Caesar machte keinen Hehl aus seinen Gefühlen für Kleopatra. Es gibt einen Brief Ciceros an seinen Freund Atticus, in dem er sozusagen Punkt für Punkt ein Schreiben seines Freundes abhandelt, das leider nicht erhalten ist (*Briefe an Atticus* 14, 20). Es ist daher nicht klar, ob die folgenden Sätze miteinander in Beziehung stehen: „Die Fehlgeburt der Tertulla bedauere ich; denn Männer wie Cassius sind ebenso nötig zu ‚säen‘ wie Männer wie Brutus. Ich wollte, das (die Nachricht) über die Königin und über jenen Caesar (wäre wahr)." Gehörten die beiden Bemerkungen zusammmen und bezögen sich beide auf Fehlgeburten, dann hieße dies, Kleopatra wäre erneut von Caesar schwanger gewesen, hätte aber eine Fehlgeburt erlitten.

In Rom kündigten sich weitreichende Veränderungen an, da Caesar begonnen hatte, die Republik in eine Monarchie umzuwandeln. Dazu gehörte es auch, daß er zu Lebzeiten als Gott verehrt wurde. Ob aus Caesars Sicht die Göttin Kleopatra in diesem neuen Reich einen besonderen Platz hätte einnehmen sollen, wissen wir nicht. Sein Testament, das mit Octavian einen Römer zum Haupterben einsetzte, entsprach römischer

Tradition. Man sollte gar nicht erwarten, daß Nicht-Römer wie Kleopatra oder der gemeinsame Sohn Kaisar hätten bedacht werden können.

Auch Kleopatras Wunschträume in diesen Tagen bleiben unbekannt, wenngleich viel darüber gerätselt worden ist, ob sie sich als Königin dieses neuen Reiches neben dem Gott Caesar sah und ihren gemeinsamen Sohn Kaisar, den einzigen leiblichen Sohn, den Caesar je hatte, als dessen zukünftigen Erben. Möglicherweise hat sie sogar derartige Überlegungen im kleinen Kreis geäußert, möglicherweise beeinflußten solche Gedankenspiele die Entscheidungen der Mörder, die Caesar an den Iden des März 44 erstachen. Möglicherweise war auch alles ganz anders.

Nur wenige Tage nach der Ermordung Caesars floh Kleopatra aus Rom und kehrte an den Nil zurück.

# 6. Bürgerkrieg und Propaganda am Tiber

Die Hauptrollen in dem Bürgerkrieg, der sich in Rom nach dem Tod Caesars entwickelte, spielten Antonius und Octavian. Ich verwende hier den Namen Octavian und lasse damit den von ihm selbst geführten Namen C. Iulius Caesar sowie die Namensänderungen späterer Zeit unberücksichtigt, um ihn leichter von seinem Adoptivvater Caesar und dessen leiblichem Sohn Kaisar unterscheiden zu können. Der Name Octavian(us) begegnet bei den meisten Zeitgenossen als verächtliche Bezeichnung seiner Person.

Wenn der Bürgerkrieg, der mit dem Sieg Octavians und Agrippas über Antonius und Kleopatra bei Actium endete, eine der dunkelsten Perioden der römischen Geschichte ist, dann liegt dies auch daran, daß der Sieger sich mit seiner Interpretation der Ereignisse durchsetzte; seine Darstellung zu kanonisieren, hatte er schließlich beinahe ein halbes Jahrhundert lang Zeit. Dies bedeutet nicht, daß die Version des Octavian notwendigerweise völlig falsch ist, aber Mißtrauen gegenüber dem Bild, das seine Hofdichter und -historiker künstlich wie künstlerisch zeichneten, ist mehr als angebracht.

Um die eigene Gefolgschaft zu motivieren und diejenige des Gegners zu demotivieren und vielleicht sogar auf die eigene Seite zu ziehen, bediente man sich einer frühen Form von öffentlicher Propaganda. Daraus wurden nur allzu rasch bloße persönliche Diffamierungen. Als Medium diente die Flugschriftenliteratur: das Pamphlet in der Form des Briefes. Zwar blieben Octavian und seine Parteigänger in ihrer Demagogie letztlich erfolgreich, und dies gilt nicht nur für die antike Literatur, aber der Anteil des Antonius an dieser Schlammschlacht wurde dennoch nicht völlig aus unserer Überlieferung getilgt. Diese Rivalität zwischen den beiden Protagonisten begann rasch konkretere Formen anzunehmen; im Verlauf ihrer Auseinandersetzungen sollte die Frau und Herrscherin Kleopatra eine wichtige und bald die zentrale Rolle einnehmen.

Geht man diesen Auseinandersetzungen zwischen Octavian und Antonius auf den Grund, so wird man immer wieder auf die Anfangsphase ihres Konfliktes zurückverwiesen, nämlich auf die Zeitspanne von Mitte Mai 44 bis zur Begründung des Triumvirats im November 43. Als Octavian bald nach dem Tod Caesars in Rom eintraf, mußte er beobachten, wie Antonius ihm Steine in den Weg legte, wo er nur konnte. Antonius versuchte zu verhindern, daß Octavian die Erbschaft Caesars antrat. Er weigerte sich, dem Erben die aus dem Testament des toten Diktators zustehenden Gelder auszuzahlen, und stellte sich obendrein Octavians Kandidatur zum Tribunat entgegen. Dies blieben allerdings vorerst Fußtritte unter dem Tisch, denn vor der Öffentlichkeit bemühten sich beide, ihre Differenzen geheimzuhalten. Es waren die Truppen, die eine vordergründige Versöhnung erzwangen.

Die Feindseligkeiten kamen erneut zum Ausbruch, als Antonius Anfang Oktober 44 Octavian beschuldigte, Meuchelmörder gedungen zu haben. Nikolaos von Damaskus, der vielleicht die Memoiren des späteren Augustus heranziehen konnte, schildert den angeblichen Überfall detailliert, wenngleich zugunsten des Octavian gefärbt (*Leben des Augustus* 30–31). Der amtierende Konsul Antonius nahm einige Soldaten fest und ließ öffentlich verlautbaren, sie seien ausgeschickt worden, ihn zu töten; dabei ließ er diskret durchblicken, Octavian stehe hinter dem Anschlag. Die Freunde des Antonius eilten daraufhin zum Haus des Konsuls, und man zog Truppen zusammen. Am Nachmittag erfuhr Octavian von dem Mordversuch. Da er die Mörder Caesars als Urheber ansah, sandte er eine Nachricht zu Antonius und bot diesem an, neben dessen Bett Wache zu stehen. Antonius weigerte sich nicht nur, Octavian in sein Haus zu lassen, sondern versäumte es zudem nicht, die Weigerung gegenüber seinem Personal damit zu begründen, daß Octavian Urheber des Anschlags sei. Dies geschah so laut, daß die Boten Octavians es hören mußten und es sogleich ihrem Herrn meldeten. Octavian begriff die Tragweite der Anschuldigung sofort. Er besprach sich mit wenigen Freunden, die ihm rieten, Rom sofort zu verlassen, bis die Angelegenheit untersucht sei. In der wohl richtigen Annahme, dies könne als Schuldeingeständnis gewertet werden, blieb er jedoch in der Hauptstadt.

Folglich ging Octavian am nächsten Tag seinen Geschäften nach, als sei nichts geschehen. Währenddessen rief auch Antonius Freunde zur Beratung zusammen, denen gegenüber er erläuterte, er wisse von einem Anschlag durch Octavian. Einer der gedungenen Mörder habe die Verschwörung verraten, und seine Komplizen seien ergriffen worden. Als die Freunde die Gefangenen sehen wollten, wiegelte Antonius ab: Dies sei nicht notwendig, sie hätten ja längst gestanden; dann wechselte er das Thema. Da die Gruppe aber ohne Beweise nichts unternehmen wollte, entließ Antonius sie und brach wenige Tage später, am 9. Oktober, nach Brundisium (heute Brindisi) auf.

Von den Verschwörern wurde niemand gesehen, und die Angelegenheit war, so schien es, für Antonius erledigt. Ganz anders lagen die Dinge für Octavian. Er war oder gerierte sich empört und machte seinerseits auf Anschläge durch Antonius aufmerksam. Dies gipfelte in seinem Appell an die Veteranen Caesars, in dem er darauf hinwies, „wie ungerecht sein Vater umgekommen sei, und daß man Anschläge auf ihn ausführe" (Nikolaos von Damaskos, *Leben des Augustus* 31). Von nun an sollten diese Beschuldigungen nicht mehr enden.

In der Antike konnte der Streitfall nie geklärt werden, und auch moderne Überlegungen, wem wessen Ermordung mehr genützt hätte, dürften gleichfalls ein Patt ergeben. Es war das Praeludium zum Kampf um die Legionen, um ganz Italien und letztlich um den Staat. Eines allein steht fest: Beide Seiten waren bemüht, die öffentliche Meinung für sich zu gewinnen, beiden war jedes Mittel recht. Jeder tat sein Bestes, um den Rivalen herabzusetzen und zu diffamieren. Entscheidend war, wie für alle derartigen Vorwürfe, daß sich die Öffentlichkeit die jeweiligen Behauptungen als wahr vorstellen konnte und daß immer etwas davon in den Köpfen hängenblieb.

Während die antiken Historiker uns kein objektives Bild der gegenseitigen Vorwürfe mehr vermitteln können, gibt es eine unparteiische Quelle für die propagandistische Auseinandersetzung. Das ist folgende Geschichte: Bei Perusia (Perugia) fand im Winter des Jahres 41/40 eine militärische Auseinandersetzung zwischen Octavian auf der einen und den Anhängern des Antonius, vor allem dessen Gattin Fulvia und Bruder Lucius, auf der anderen Seite statt. Bei dieser Belagerung benutzten beide Seiten Schleuderbleie, deren lateinische Bezeichnung *glans* (Eichel) und die Form eines Phallus schon die Sphäre andeuten, der die Kontrahenten das Vokabular für die gegenseitigen Beschimpfungen entlehnten.

In diesen Schleuderbleien findet die Verbindung von militärischer Aggressivität und Sexualität ihren klarsten Ausdruck. Zwar gehörte die Verunglimpfung des Gegners durch Vorwürfe, die auf den sexuellen Bereich zielten, auch zu den ‚gehobenen‘ Formen der Propaganda, in der platten Sprache des tagtäglichen soldatischen Umgangs bewegte sich das alles freilich auf weitaus niedrigerem Niveau. Immer wieder ist auf den Geschossen angegeben, wo sie ihr Ziel finden sollen, ausgedrückt durch das Wort *peto:* ich suche (auf). So schossen die Soldaten Octavians, um im Bild zu bleiben, auf die Scham der Fulvia, während die Gegenseite den Hintern des Octavius, wie Octavian ursprünglich hieß, ins Visier nahm. Eine besondere Pikanterie bestand darin, daß manche Kugeln die weibliche Form des Namens, Octavia, trugen. Damit wurde angedeutet, was in keiner derartigen persönlichen Verunglimpfung fehlen durfte: der Vorwurf der Homosexualität, und zwar des passiven, gewissermaßen ‚weiblichen‘ Teils. In der sich zunehmend steigernden Polemik der beiden Gruppierungen sollte vielleicht gerade deshalb die Auseinandersetzung um Kleopatra bald eine zentrale Rolle einnehmen.

# 7. Regierungsalltag am Nil

Wenden wir jetzt den Blick nach Ägypten. Nach ihrer Abreise aus Rom hatte Kleopatra ihren Bruder und Mitregenten Ptolemaios XIV. zurück nach Alexandria gebracht. Ein Dokument aus Oxyrhynchus vom 26. Juli 44 trägt beider Namen (*Papyrus Oxyrhynchus* 14, 1629). Kurze Zeit später starb Ptolemaios XIV. Nach Meinung des ständig über Kleopatra herziehenden Flavius Josephus (*Jüdische Altertümer* 15, 39), der den Haß seines Landsmannes Herodes auf die Ägypterin erbte, hatte die Königin an ihrem Gemahl einen Giftmord begangen.

Um die nach ägyptischer Tradition notwendige Nachfolge eines männlichen Herrschers neben ihr zu sichern, erhob Kleopatra nach dem Tod Ptolemaios' XIV. ihren Sohn, den sie mit Caesar hatte (S. 33), als Ptolemaios XV. Kaisar auf den Thron. Im Tempel von Dendera findet sich eine Kolossal-Statue der Königin als ägyptische Gottheit Hathor, zusammen mit dem Knaben Kaisar als Pharao. Ein Grieche aus dem Fayum weihte zu dieser Zeit eine Stele für Kleopatra und Ptolemaios Kaisar dem Krokodil-Gott, den er den Urgroßvater des jungen Königs nennt (Etienne Bernand, Recueil des inscriptions grecques du Fayoum, Bd. 1, Leiden 1975, 14).

Seit ihrer Rückkehr war es die Aufgabe der Kleopatra, die Schwierigkeiten zu beseitigen, die in Ägypten während ihres Romaufenthaltes aufgetreten waren. Die Nilkanäle waren vernachlässigt und nicht vom Schlamm gereinigt worden, was im Jahr 44/43 zu einer drastischen Verschlechterung der Ernte und zu einer Hungersnot führte. Zu der Hungersnot traten die beinahe unvermeidlichen Krankheiten. Der alexandrinische Arzt Dioskurides Phakas hat die Symptome einer der damals grassierenden Seuchen detailliert beschrieben: Vereiterung der Lymphdrüsen und das Auftreten häßlicher schwarzer Flecken. Es war die Beulenpest, die damals weite Teile des Landes heimsuchte.

Manche Probleme hatten lokale Beamte auch ohne Unterstützung der Regierungszentrale in Alexandria gelöst. Eine Inschrift wohl aus jener Zeit beginnt mit den Worten (*Orientis Graeci Inscriptiones Selectae* 194): „Unter der Königin Kleopatra, der Vater-Liebenden Göttin, und des Ptolemaios, der auch Kaisar heißt, des Vater-Liebenden und Mutter-Liebenden Gottes . . .“ Der Stein mit dieser Inschrift wurde von den Amon-Priestern in Theben und lokalen Amtsträgern sowie den Bewohnern der Stadt zu Ehren des höchsten Beamten der Region aufgestellt, eines gewissen Kallimachos. Kallimachos hatte sich, so hieß es, um die Stadt Theben verdient gemacht, die durch verschiedene beklagenswerte Umstände erheblich zerstört worden war. Auch während der Hungersnot und der Seuchenkatastrophe hatte Kallimachos alles getan, um die verheerenden Folgen zu mildern. Den Menschen erschien er wie ein glänzender Stern und ein guter Geist, als letzte Hoffnung in all ihrem Elend. Ferner hatte er sich dafür eingesetzt, daß die ägyptischen Kulte wieder regelmäßig und ordentlich durchgeführt werden konnten. Hier im traditionsbewußten Süden Ägyptens, weitab vom Zentrum Alexandria, spielte die ägyptische Religion noch eine große Rolle. Daher wurde Kallimachos mit dem Titel ‚Retter der Stadt‘ geehrt und erhielt goldene und marmorne Statuen, die an herausragenden Plätzen im Tempel und in der Stadt aufgestellt werden sollten. Von den Herrschern Ägyptens ist in dem Text nirgendwo die Rede, außer in der zitierten Datierung. Regentin und Regent hatten die Regierungsgeschäfte schleifen lassen, und aufgrund der langen Abwesenheit Kleopatras hatten die Beamten Oberägyptens offenbar völlig selbständig gehandelt.

Doch dies sollte sich in den folgenden mehr als zehn Jahren ändern, in denen Kleopatra die Verwaltung neu organisierte, um die Erträge des Landes zu steigern. Die Königin war in Ägypten rasch vom Alltag eingeholt worden, von dem die antiken Historiker nichts berichten, schon gar nicht von dem der Kleopatra, an der allein die Skandale interessierten. Symptomatisch sind die Schilderungen ihres Hofes als Ort der Orgien und des Amüsements. Daß er auch das Zentrum einer differenzierten und effizienten Bürokratie bildete, bleibt unerwähnt. Über das Steuerwesen, die Rechtsprechung, den Umgang mit der Bevölkerung Alexandrias und mit den Beamten, über gute und schlechte Ernten, informieren nur wenige Papyri und Inschriften.

Eine solche Inschrift aus ihrem elften Regierungsjahr, datiert auf den 13. April 41, gibt ein Dekret wieder, das Kleopatra und Ptolemaios XV. Kaisar herausgegeben haben (Gustave Lefebvre, Le dernier décret des Lagides, Mélanges Holleaux, Paris 1913, 103–108). Es erging – immer noch in ursächlichem Zusammenhang mit der Hungersnot –, um die Privilegien derjenigen Alexandriner zu bestätigen, die in der Landwirtschaft außerhalb der Hauptstadt tätig waren. Die lokalen Behörden hatten versucht, diese Leute zu Arbeitsleistungen und zur Steuerzahlung heranzuziehen, wovon sie als Einwohner Alexandrias befreit waren. Eine Delegation der Betroffenen war an den Iden des März 41 bei der Königin erschienen, um ihr die Klagen vorzutragen. Ihre Entscheidung erfolgte einen Monat später: „Königin Kleopatra, Vater-Liebende Gottheit, und König Ptolemaios, der auch Kaisar genannt wird, Vater-Liebende, Mutter-Liebende Gottheit, an den Strategen des Herakleopolitischen Bezirks, Gruß! Laßt das angefügte Dekret zusammen mit dem königlichen Schreiben in die griechische und die einheimische Sprache übertragen und in der Hauptstadt sowie in den wichtigsten Orten des Bezirks öffentlich aufstellen und veranlaßt, daß auch alles übrige nach unseren Befehlen geschieht! Lebt wohl! Jahr 11. Daisios 13, das ist Pharmouthi 13 (13. April 41).

An Theon. Diejenigen aus der Stadt (Alexandria), die Landwirtschaft im Bezirk von Prosopis und Bubastis betreiben, haben sich in einer Audienz mit einer Petition am 15. Phamenoth (15. März) gegen die Beamten der zehn Bezirke (Unterägyptens) an uns gewandt, indem sie vortrugen: Entgegen unserem Willen und den Befehlen, die wiederholt in Übereinstimmung mit unserer Entscheidung verschickt worden sind von denen, die der Verwaltung vorstehen, daß nämlich niemand von diesen (Alexandrinern) mehr fordern darf als die Verpflichtungen, die sie gegenüber dem Herrscher zu leisten haben, versuchen sie (die Beamten der Bezirke) gesetzwidrig zu handeln, und diese

(Alexandriner) unter diejenigen einzureihen, die Verpflichtungen gegenüber dem Land und dem Bezirk haben, was aber nicht zutrifft. Wir (Kleopatra und Ptolemaios) sind außerordentlich empört und sehen es für richtig an, daß eine generelle und universelle Anordnung die ganze Angelegenheit betreffend ergeht, und wir haben beschlossen: Alle aus dieser Stadt (Alexandria), die landwirtschaftliche Tätigkeiten im Umland ausüben, sollen weder wie andere den Anforderungen für Kranzgeld (Sonderabgabe an den Herrscher) und Steuern für Notfälle unterworfen sein, wie sie von Zeit zu Zeit und zu besonderen Anlässen in den Bezirken erhoben werden können, noch sollen ihre Güter für solche Beiträge beschlagnahmt werden, noch soll irgendeine neue Steuer von ihnen verlangt werden. Wenn sie einmal die von ihnen geforderte Steuer bezahlt haben, in Waren oder in Geld, für die Getreide- oder die Weinanbaufläche, die in der Vergangenheit regelmäßig der königlichen Kasse überwiesen worden ist, dann sollen sie wegen anderer Dinge nicht weiter belästigt werden, unter keinem Vorwand auch immer. Sieh zu, daß entsprechend verfahren wird und daß dieser Text öffentlich publiziert wird gemäß dem Gesetz!"

Es ist der letzte Erlaß, den wir bislang von einem Ptolemäerherrscher kennen.

Während Kleopatra im Innern die Lage ihres Landes stabilisierte, mußte sie stets auch den Blick nach außen auf den Bürgerkrieg richten, der in Rom zwischen den Caesarmördern und ihren Gegenspielern tobte. In den Monaten nach den Iden des März 44 war Antonius als Konsul faktisch Alleinherrscher in Rom. Zu den vielen Regelungen, die den griechischen Osten betrafen und die möglicherweise als eine auf Caesar zurückgehende Maßnahme ausgegeben wurden, gehörte die Zuweisung von Zypern an das Ptolemäerreich. Offiziell unter der Souveränität ihrer Schwester Kleopatra wurde Arsinoë Herrscherin der Insel; bei Caesars Triumph 46 war ihr die Freiheit geschenkt worden. Sie genoß offenbar in Rom Popularität und galt im Jahre 44 als Angehörige der ptolemäischen Dynastie einigen Leuten als Gegengewicht zu Kleopatra. Dies insbesondere zu einem Zeitpunkt, als der nominelle Gatte und Bruder der Kleopatra, Ptolemaios XIV., unter verdächtigen Umständen gestorben war.

Kleopatra dürfte über die neue königliche Rivalin wenig erfreut gewesen sein und suchte ihre Chance, gegen Arsinoë vorzugehen; die Gelegenheit sollte sich bereits knapp ein Jahr später finden. Nachdem aus dem Westen Nachrichten von einer immer turbulenteren Situation in den Osten gedrungen waren, sandte Kleopatra im Frühjahr 43 Serapion mit einer Flotte nach Zypern. Diese Schiffe würde der Flottenkommandant später dem Caesarmörder Cassius zur Verfügung stellen. Auftrag des Serapion war eigentlich gewesen, Arsinoë zu vertreiben, vielleicht auch, sie gefangenzunehmen und umzubringen. Arsinoë konnte jedoch entkommen. Aufgrund der anfänglichen spektakulären Erfolge der Caesarmörder Brutus und Cassius in den östlichen Provinzen floh sie nicht nach Italien, sondern an die kleinasiatische Küste, um sich den Römern zur Verfügung zu stellen. In Milet, wo sie an Land ging, nahm der dortige Priester der Artemis ihre baldige Wiedereinsetzung in Alexandria als sicher an und gewährte ihr Gastfreundschaft. Doch die Hoffnungen der Caesarmörder sollten sich zerschlagen, und mit der Annäherung von Antonius und Kleopatra, um die sich unsere Geschichte ja letztlich dreht, war Arsinoës Schicksal besiegelt.

In der Mitte des Jahres 43 hatte Kleopatra die Kontrolle über Zypern zurückgewonnen. In dieser Zeit ließ sie Münzen prägen, die auf der Rückseite den Namen der Insel, $Κύπρ(ος)$, tragen und auf der Vorderseite die Königin mit Diadem und Szepter, wie sie einen Säugling an ihre Brust hält. Dieses symbolisch als Baby dargestellte Kind ist Ptolemaios XV. Kaisar.

Kleopatra verwendete auf diesen Münzen ein Motiv, das uns auch aus Darstellungen auf Stelen vertraut ist. Sie setzte sich selbst mit Isis gleich, die ihr Kind, Horus, stillt. Kleopatra also ist Isis, ihr Sohn ist Horus. Diese Identifizierungen hatten bedeutende Implikationen; sie führen uns in ein altes Heiligtum nach Oberägypten. Dort, in Hermonthis, stand der ‚Geburtentempel‘ der Pharaonen. Hier vollzogen sie mit ihren Frauen nach den Geburten feierliche Rituale; außerdem wurden Reliefs dort geweiht. Eines dieser Reliefs nun zeigt die kniende Kleopatra, umgeben von Göttinnen, und darüber steht in Hieroglyphen ihr neuer Name ‚Mutter des Re' (des Sonnengottes). Über dem neugeborenen Kind aber erkennt der Betrachter den heiligen Skarabäus, welcher den Sonnengott symbolisiert, was heißt, daß das Kind als Gott der aufgehenden Sonne identifiziert wird. Auf einem daneben stehenden Ruhebett sitzen zwei kuhköpfige Göttinnen, die zwei Kinder säugen: Die eine stillt Horus, die andere den jungen Kaisar. Der Schlüssel zum Verständnis dieser ganzen Szene liegt in der Rolle des Horus in der ägyptischen Mythologie. Ihr zufolge war Osiris der König von Ägypten, Isis die Königin und beider Sohn, der junge Prinz, war Horus, dazu bestimmt, zu dem ‚Mächtigen' zu werden und später den Platz seines Vaters einzunehmen, nachdem dieser ermordet worden war. In der Mythologie rächt Horus den gewaltsamen und blutigen Tod seines Vaters. Die Bezüge sind klar: Auch der Vater des Kaisar starb eines gewaltsamen Todes; beide Söhne erfuhren das gleiche Schicksal und beiden oblag daher die gleiche Verpflichtung. So wie Horus den Tod seines Vaters Osiris gerächt hatte, so sollte Kaisar den seines Vaters Caesar rächen. Spätestens seit dieser Zeit trug Ptolemaios XV. Kaisar denn auch den Titel *Philopator*, der *Vater-Liebende.*

Von Ägypten aus verfolgte Kleopatra also den römischen Bürgerkrieg. Bis Octavian und Antonius, die beide die Sache Caesars vertraten, im östlichen Mittelmeer eingreifen konnten, bestimmten dort Brutus und Cassius das Geschehen. In dieser Region vertrat Dolabella die Caesaranhänger, und ihnen galten die Sympathien der ägyptischen Herrscherin. Die römischen Legionen, die Caesar bei seiner Abreise zurückgelassen hatte, schickte Kleopatra unter Allienus nach Kleinasien, um sie dort Dolabella zu übergeben; dafür erlangte sie die Anerkennung ihrer neuen Herrschaft mit Ptolemaios XV. Kaisar. In Syrien liefen die Legionen allerdings rasch zu Cassius über. Eine Flotte, die Kleopatra Dolabella senden wollte, hinderten Stürme am Auslaufen. Im Juli 43 beging der caesarische Anführer Selbstmord, um nicht in die Hände seiner Gegner zu fallen.

Den Forderungen des Cassius, der die Hilfe der ägyptischen Flotte erbat, wich sie, ihrer politischen Richtung treu bleibend, aus. Die Unterstützung, die Cassius zwischendurch aus Zypern erhielt, erfolgte gegen Kleopatras Willen. Antonius wird es ihr später kaum zum Vorwurf gemacht haben, daß Kleopatra sich gegenüber Cassius mit wirtschaftlichen Problemen Ägyptens entschuldigte.

Kurze Zeit später machte sich Kleopatra mit einer großen Flotte auf, um Antonius und Octavian zu treffen; die Schiffe wurden allerdings in einem Sturm zerstreut. Staius Murcus, ein Admiral des Cassius, hatte am Tainaron die Flotte der Kleopatra abfangen wollen; als er von dem Unglück erfuhr, konnte er die Wrackteile noch auf dem Meer treiben sehen. Kleopatra selbst war von der Anstrengung zu geschwächt, um mit den verbliebenen Schiffen sogleich wieder in See zu stechen, und dann erreichte sie auch schon die Nachricht vom Sieg der Caesaranhänger.

Ende des Jahres 43 trafen sich auf einer Flußinsel in der Nähe von Bononia (Bologna) Antonius, Octavian sowie Lepidus und sprachen ihre weiteren Pläne ab. Diese Übereinkunft begründete einen Triumvirat, eine Herrschaft dreier Männer – Lepidus sollte dabei allerdings kaum eine Rolle spielen –, der auf fünf Jahre, bis Ende 38, geplant war. Wichtigstes Ziel war es, sich der Caesarmörder zu entledigen. Das besonders schwierige Verhältnis zwischen Antonius und Octavian sollte durch die Heirat Octavians mit einer Stieftochter des Antonius stabilisiert werden.

Als die Mörder Caesars geschlagen waren und Antonius und Octavian, der sich angeblich wegen eines Darmleidens im Laufe des Kampfes hatte zurückziehen müssen, schließlich im Herbst 42 nach der Schlacht bei Philippi in Thrakien als Sieger feststanden, befand sich Antonius auf dem Höhepunkt seiner Macht und hatte seinen Rivalen ausgestochen. Er konnte bei einer Teilung der Gebiete wählen und entschied sich für den Osten, der in der Tat auf finanziellem wie kulturellem, aber auch auf militärischem Gebiet Vorzüge gegenüber dem Westen aufzuweisen hatte. Der Osten konnte ohne den Westen existieren, dies lehrt die Geschichte des Byzantinischen Reiches, und das Hauptrekrutierungsgebiet für Truppen, Italien, das von Octavian erst saniert werden mußte, stand vertragsgemäß allen zur Verfügung, also auch Antonius. Daß er es nicht würde nutzen können, ahnte er damals sicherlich nicht.

Kleopatra hatte sich in den Auseinandersetzungen der Römer für die Seite engagiert, von der sie am ehesten etwas für ihren Sohn hatte erwarten können. Dies war zwar nicht viel gewesen, aber es sollte ihr wohl nicht schwerfallen, den Siegern gegenüber ihr Handeln zu begründen.

# 8. Begegnung mit Antonius in Tarsos

Antonius war, wie Plutarch berichtet, von stolzer Gestalt, mit einem prächtigen Bart, einer breiten Stirn und einer Adlernase, was seinem Gesicht den männlichen Ausdruck verlieh, wie er für Herakles auf Gemälden und Statuen charakteristisch war. Nach einer alten Sage waren die Antonier Nachkommen des griechischen Helden; als ihr Ahnherr galt Ἄντων, ein Sohn des Herakles. Diese Sage glaubte Antonius durch seine Körperhaltung und seine Tracht bestätigen zu müssen (*Antonius* 4).

Antonius war der Abgott seiner Soldaten; im Kampf todesmutig und wenn nötig anspruchslos, teilte er ihr Schicksal. In Rom bildeten seine Affären das Stadtgespräch, ganz gleich ob er eine berühmte Schauspielerin im Löwengespann als Herakles durch die Stadt kutschierte oder in halsbrecherischer Flucht vor seinen Gläubigern über die Dächer entkam.

Als er wenige Monate nach der Entscheidungsschlacht von Philippi in Ephesos eintraf, wurde er dort als Manifestation des Gottes Dionysos begrüßt, wie es in den östlichen Gebieten für römische Generale längst gang und gäbe war. Hier hatte man schon Caesar als den „von Ares und Aphrodite", also von Mars und Venus, „abstammenden Gott" gefeiert, „der sich als der Retter des Menschengeschlechts offenbarte" (Inschriften von Ephesos, Bd. 2 Nr. 251). Frauen als Bacchantinnen und Männer als Satyrn und Pane verkleidet und mit Efeu bekränzt trugen Thyrsosstäbe, dionysische Kultstäbe aus einem efeuumwundenen Fenchelstengel, an dessen Spitze sich ein Tannenzapfen befand. So geleiteten sie Antonius unter dem Klang von Flöten und Zithern in die Stadt. Der spätantike Grammatiker Servius faßt das Verständnis des antiken Menschen von Bildern und szenischen Darstellungen treffend in wenige Worte: Bei religiösen Zeremonien bedeuten Imitationen dasselbe wie die Wirklichkeit (*Kommentar zu Aeneis* 2, 116), Suggestion wird zur Realität. Man konnte das, was in Ephesos geschah, als einen symbolischen Akt begreifen, man konnte es allerdings auch als Realität auffassen. Es scheint, daß bei Antonius die ‚Realität‘ gegenüber dem ‚Symbolischen‘ immer stärker die Oberhand gewann.

Zu den zahlreichen politischen Aufgaben, die ihn im Osten erwarteten, gehörte die Regelung von Streitigkeiten in Kappadokien, in die er als Schiedsrichter eingriff. Dabei wies er den Anspruch eines Thronkandidaten Ariarathes zurück und vergab die Krone an Archelaos oder Sisina; hier widersprechen sich die antiken Autoren zwar hinsichtlich des Namens, nicht aber der Motive. „Und dieser Archelaos“, schreibt Cassius Dio (49, 32, 3), „war der Sohn der Glaphyra, einer Hetäre.“ Appian bemerkt in diesem Zusammenhang (*Bürgerkriege* 5, 7): „Er gab die Krone an Sisina, weil Sisinas Mutter, Glaphyra, ihm als wunderbare Frau erschien.“ Es war diese Glaphyra, mit der die Eifersucht der Fulvia, der Gemahlin des Antonius, erregt werden konnte, wie es Manius, ein Prokurator des Antonius, offenbar versuchte. Octavian griff diese Situation in einem derb-obszönen Gedicht auf, das Martial uns überliefert hat (11, 20): „Weil Antonius mit Glaphyra bumst, setzte Fulvia diese Strafe fest, daß ich nun mit ihr bumse. Soll ich mit Fulvia bumsen? Was, wenn Manius mich bittet, mit ihm zu bumsen? Tu ich's? Ich denke nein, wenn ich klug bin. ‚Bums‘ mit mir oder es gibt Krieg!‘, sagt sie. Was, wenn mein Schwanz mir lieber ist als mein Leben? – Laßt die Signale tönen zum Kampf!“

Das Gedicht kann uns den zwischenmenschlichen, aber auch den sozialen und kulturellen Zusammenhang erschließen, wie er für die Kleopatra-Thematik von Bedeutung ist. Auf solche Weise behandelten Männer das Thema ‚Frau‘, und so beurteilten sie Frauen, die sich in ihre ureigenste Domäne, die Politik, einmischten. Besaß Kleopatra auf dem Hintergrund solch ‚niveauvoller‘ Dichtkunst überhaupt eine Chance zur fairen Behandlung durch die Zeitgenossen, als sie Antonius traf?

Antonius ließ Kleopatra durch seinen Vertrauten Quintus Dellius nach Kleinasien bestellen, genauer nach Tarsos in Kilikien, wo der Kydnosfluß ins Mittelmeer mündet. Bei diesem Zusammentreffen gelang es ihr, Antonius ganz für sich einzunehmen, wobei gar nicht zu leugnen ist, daß für beide Seiten auch politische Gründe eine enge Zusammenarbeit nahelegten. Es wurde jedoch weitaus mehr als ein reines Zweckbündnis, und Kleopatras Argumente waren keineswegs nur politischer Art.

Plutarch berichtet, daß Kleopatra dem Antonius in Tarsos als Aphrodite entgegentrat. Diese Gottheit hatte zu verschiedenen Zeiten und Orten unterschiedliche Namen: Ischtar, Astarte, Venus, Aphrodite, aber eines war allen Erscheinungsweisen der Gottheit gemeinsam: die Nacktheit. Die Göttin ist häufig dargestellt mit einer goldenen Krone, Ohrhängern, einem eng am Hals anliegenden Perlenkollier, einer langen Kette aus Perlen, die sich über der Brust kreuzt und so ein X, zugleich das Zeichen des Planeten Venus, bildet. Ferner trägt sie einen Gürtel

Abb. 4: Aphrodite

aus Perlen oder Edelsteinen, Armringe, Ringe an den Knöcheln und gelegentlich das, was man heute Tanga nennt, aus Perlen (Abb. 4). Kleopatra war demnach, als sie Antonius empfing, reich geschmückt und fast nackt.

Auf ihrem Schiff umstanden junge Knaben als Eroten die Herrscherin der Liebe. Derartige junge Männer, ebenso wie junge Mädchen, wurden in Kanopos aufgezogen und waren zur Erfüllung sexueller Lust bestimmt. Aphrodite ist auf diesem Schiff in der ihr gemäßen Umgebung. Man(n) findet all die guten Dinge, nach denen man sich sehnt, wie es der alexandrinische Dichter Herondas im 3. Jahrhundert beschreibt: Wein, schöne Knaben, Frauen so schön wie die, die einst im Wettstreit um den Schönheitspreis kämpften, so viele Frauen wie der Himmel Sterne trägt (Mimus 1, 21–40). Solche Mädchen führten an Bord des Schiffes die Manöver aus, kostümiert als Nereiden und Grazien. Auch diese ‚Verkleidung‘ bestand in einer geschickten Präsentation der Nacktheit. Wahrscheinlich hatte Kleopatra Tempelprostituierte aus dem Aphrodite-Tempel in Alexandria mitgebracht, um das Ambiente der Gottheit authentisch zu gestalten. Schließlich ging es ja darum, einem Gott, Dionysos/Antonius, entgegenzutreten. Die kultische und zugleich hocherotische Atmosphäre auf dem Schiff vervollständigten Parfums, deren Duft bis an den Strand hinüberwehte, von entsprechend anregender Musik mit Leier, Flöte und Schalmeien unterstützt.

Wir sollten bei diesem Auftritt, der sicherlich bis ins Detail inszeniert war, nicht auseinanderzuhalten versuchen, ob Kleopatra mehr als Göttin oder als Frau gefallen wollte. Sie war die Göttin der Liebe, und daher war für sie Liebe Leben, und Liebe und Sexualität gehörten auch zur Religion und alles zusammen zur Politik, die ebenso Teil ihres Lebens war.

Antonius’ bisherige Erfahrungen mit Frauen machen verständlich, daß er nicht wenig stolz auf seine neue ‚Eroberung‘ war. Er, der so viel Wert auf seine hochadlige Abstammung legte und dies gegenüber Octavian wiederholt herausstrich, war in erster Ehe mit der Tochter eines Freigelassenen, also eines ehemaligen Sklaven, verheiratet gewesen. Auch seine Frau Fulvia, mit der er vermählt war, als er Kleopatra traf, war von niederer sozialer Herkunft. Das Bild dieser Fulvia in den antiken Quellen ähnelt demjenigen der Kleopatra. Fulvia fühlte sich als Frau eines Herrschers und benahm sich entsprechend. Dies war für die damaligen Römer etwas Unerhörtes, das nur noch übertroffen wurde durch Kleopatra, die noch nicht einmal eine Römerin, wie sich später Lucan erregen sollte (S. 108), sondern ‚Orientalin' war. Plutarch bemerkt dementsprechend bissig zu dieser Fulvia, Kleopatra hätte ihr eigentlich das Dressurgeld für das Pantoffelregiment zahlen müssen, unter dem Antonius stand, denn von Fulvia hätte sie ihn schon ganz gezähmt übernommen und längst darauf abgerichtet, auf Frauen zu hören (*Antonius* 10). Seinen sonstigen weiblichen Umgang rekrutierte Antonius zumeist aus den Kreisen von Schauspielern und Dirnen – und nun hatte er eine Königin. Auf diesen ‚Besitz' war er stolz und brüstete sich, mit einer Königin zu schlafen.

Noch Jahre später schrieb er an Octavian in typisch männlich-chauvinistischer Manier (Sueton, *Augustus* 69, 2): „Was hat Dich denn so verändert? Daß ich mit der Königin schlafe? Ist sie denn meine Frau? Habe ich denn erst jetzt damit angefangen oder nicht vielmehr bereits vor neun Jahren? Und Du? Schläfst Du denn bloß mit Drusilla (deiner Ehefrau)? Ich wette auf Dein Leben, daß, wenn Du diesen Brief liest, Du sicher mit Tertulla oder Terentilla oder Rufilla oder Salvia Titisenia oder mit allen geschlafen hast. Oder macht es einen Unterschied, wo und in wem er Dir steht?" Der Brief des Antonius datiert aus dem Jahre 33. Neun Jahre kenne er Kleopatra, schreibt er; es war 42 in Tarsos, als er sie kennenlernte. Ob Kleopatra von dieser Sicht gewußt hat, ob Antonius gegenüber seinem Gegner den starken Mann herauskehren wollte und seine Liebe nicht eingestehen konnte, dies alles bleibt das Geheimnis der beiden.

Sokrates von Rhodos beschreibt das Festgelage, das Aphrodite für Dionysos gab (bei Athenaios 4, 147e-148b): Kleopatra traf mit Antonius in Kilikien zusammen und bereitete ihm ein königliches Gastmahl ... Zwölf Speisesofas für je drei Gäste hatte Kleopatra aufstellen lassen, und so lud sie Antonius und seine Freunde ein. Er war von dem prunkvollen Anblick ganz überwältigt, doch sie lächelte nur und bemerkte, das sei alles ein Geschenk für ihn. Für den folgenden Morgen lud sie ihn ein, nochmals mit seinen Freunden und Heerführern bei ihr zu speisen. Hierbei arrangierte sie das Gastmahl noch viel aufwendiger und ließ so das erste ganz bescheiden erscheinen, und auch dieses Mal machte sie ihm alle Gerätschaften zum Geschenk. Von den Heerführern durfte jeder das Ruhebett, auf dem er gelegen hatte, mitnehmen und sogar die Becher-ständer, wie sie auf den Liegen verteilt waren. Beim Abschied schließlich schenkte sie den Höherstehenden Sänften mit Trä-gern, der Mehrzahl Pferde mit silberbeschlagenem Geschirr und allen als Fackelträger Negersklaven.

Solch raffinierten Luxus hatten Antonius und seine Begleiter noch nie erlebt. Das königliche Schiff war mit einem dicken Teppich duftender Rosen belegt, Wände und Decken des geräu-migen Speisesaals glitzerten von Spiegeln mit ungezählten Leuchtern. Auf den Tischen stand goldenes, von Edelsteinen blitzendes Geschirr, Becher aus phönikischem Kristall waren mit erlesenen Weinen gefüllt. Alle Arten von Leckerbissen stan-den bereit: Austern aus Tarent, Pfauenhennen, Birkhähne, Hammel und Wildschweine – unmöglich, alles aufzuzählen. Ein solches Bankett ist in der Dichtung immer auch Metapher für sexuelle Verführung: Liebende speisen gemeinsam, bevor sie miteinander schlafen. In Tarsos war es Kleopatra, die das Bankett ausrichtete, und die spätere Geschichtsschreibung wur-de nicht müde zu betonen, daß sie es gewesen ist, die Antonius verführte, und nicht umgekehrt, wofür man noch Verständnis aufgebracht hätte.

In unserer Überlieferung überdeckt die Feier die konkreten Verhandlungen. Für Kleopatra war vordergründig wichtig, daß der im Augenblick wohl mächtigste Mann ihr Geliebter wurde. Nahezu jeden Wunsch würde er ihr erfüllen können. Arsinoë, die sich seit 43 in Ephesos aufhielt, fiel dieser Freundschaft und der Rache Kleopatras zum Opfer. Antonius ließ sie hinrichten, ebenso den Statthalter Zyperns, der Cassius unterstützt hatte.

Die eigene Familie war in der gesamten Geschichte der Ptolemäer ein ständiger Gefahrenherd für den jeweiligen Herrscher gewesen, weil aus ihr ein Konkurrent erwachsen konnte. Weit über die Hälfte aller Ptolemäer sahen ihre Sicherheit gefährdet und ermordeten daher ihre Verwandten, Eltern, Geschwister, Kinder oder sonstige Thronprätendenten. Wenn Kleopatra ähnlich handelte, so tat sie, was sie aus der Geschichte des eigenen Landes gelernt hatte.

Den Winter 41/40 verbrachte Antonius in Ägypten. Er benötigte die Mittel des Landes für den Krieg gegen die Parther, die über Syrien und Kilikien bis ins westliche Kleinasien vorgedrungen waren, so weit wie nie zuvor. Nach Plutarch war es eine Zeit der Liebe und ausgelassener Feste. Die frivolen Extravaganzen, die er schildert (*Antonius* 28–29), passen allerdings weitaus besser in eine spätere Phase, etwa in die Mitte der dreißiger Jahre (S. 65–67). Nach Appian besuchte Antonius Tempel und Gymnasien und diskutierte mit Gelehrten, tat also Dinge, die Appian sonst keineswegs unter dessen Tätigkeiten aufführt und die deshalb auf zuverlässigen Informationen beruhen können (*Bürgerkriege* 5, 11). Er zeichnet damit das Bild eines Staatsmannes, der sich einen persönlichen Eindruck von den Verhältnissen in Alexandria und Ägypten verschaffen wollte, indem er mit den führenden Personen sprach. Solche Aktivitäten schlossen ja die weitaus persönlicheren Zusammenkünfte mit Kleopatra keineswegs aus und ließen durchaus Raum für Erholung und Ekstase.

Während das Paar in Alexandria lebte, kam es in Italien zum offenen Krieg zwischen Octavian auf der einen und Antonius' Gattin Fulvia und dessen Bruder Lucius auf der anderen Seite. Die spätere römische Geschichtsschreibung brachte bereits diesen Bürgerkrieg mit Kleopatra in Zusammenhang. Fulvia habe den Krieg vom Zaun gebrochen, um Antonius zu zwingen, sich aus den Armen der Ägypterin loszureißen, hieß es. Richtig war immerhin, daß die Geschehnisse in Italien Antonius nicht gleichgültig lassen konnten. Daher verließ er im Frühjahr 40 Ägypten. Als wichtige Entscheidungen anstanden, zählte, so hat man den Eindruck, Kleopatra nicht mehr. In Athen traf sich

Antonius mit seiner Gattin Fulvia. Als sie wenige Wochen später starb, war ein Hindernis auf dem Wege zu einer Verständigung mit Octavian verschwunden.

Im Vertrag von Brundisium klärten Octavian und Antonius im Herbst 40 die beiderseitigen Positionen und formulierten Pläne für die nächsten Jahre. Es kam zu einer erneuten Teilung der römischen Welt, bei der Antonius wiederum die östlichen Provinzen erhielt. Zudem sollte er aber auch das Recht haben, in Italien Truppen auszuheben. Das neu geschlossene Bündnis erfuhr eine ähnliche Bestätigung, wie wir sie bei der Absprache von 43 kennengelernt haben: Antonius heiratete die Schwester des Octavius, Octavia, die gerade Witwe geworden war. Je leidenschaftlicher sich die antiken Autoren in Beschimpfungen der Kleopatra auf der einen Seite verstiegen, desto höher wurde auf der anderen Octavia heraufgerückt, die wohl gleichaltrig mit Kleopatra war. Ein ‚Wunder von Frau' soll sie gewesen sein; Maecenas besang ihr prachtvolles, natürliches Haar.

Im Sommer 39 einigten sich die Triumvirn in Misenum mit Sextus Pompeius und trafen unter anderem für die Folgezeit Vereinbarungen über die Besetzung der Konsulstellen. Bis Ende des Jahres blieb Antonius in Italien; als er dann Rom verließ, sollte es für immer sein. Nur 37 betrat er kurzfristig nochmals italischen Boden in Tarent, wo die Verlängerung des Triumvirats beschlossen wurde.

Antonius brach Ende 39 nach Griechenland auf, um sich mit seiner Gemahlin in Athen niederzulassen und den Osten von hier aus zu verwalten. Während dieser drei Jahre gebar Octavia zwei Töchter und erwartete im Jahr 36 ihr drittes Kind. Es war vor allem ihr zu verdanken, daß der Triumvirat, faktisch längst ein Zweimännerbund, in Tarent nochmals bekräftigt wurde. 36 verließ Antonius seine Gemahlin und begab sich nach Syrien, um von dort einen Krieg gegen die Parther vorzubereiten.

Antonius hatte im Jahre 40 Ägypten bereits wieder verlassen, als Kleopatra Zwillinge zur Welt brachte, einen Jungen und ein Mädchen. Den Gestirnsgottheiten Sonne (männlich) und Mond (weiblich) gleichgesetzt, erhielten sie die Namen Alexander Helios und Kleopatra Selene. Möglicherweise nutzte Kleopatra die Tatsache der Zwillingsgeburt, um astrologischen Spekulationen Auftrieb zu verleihen, die sich an Sonne und Mond knüpften und ein neues goldenes Zeitalter ankündigten. Manch einer im griechischen Osten träumte von einer neuen Zeit ohne römische Bevormundung; solchen Träumen gab Kleopatra mit ihrer Propaganda Nahrung. Alexander Helios, der in seinem Namen die Erinnerung an den großen Alexander heraufbeschwor, ist in der modernen Forschung einer von vielen Kandidaten für das göttliche Kind in der berühmten *vierten Ekloge* Vergils, der mit der Metapher des Kindes allerdings wohl ganz allgemein den Beginn einer neuen Friedenszeit feiern wollte.

Was Kleopatra in den drei Jahren der Abwesenheit des Antonius tat und empfand, ist nicht überliefert. Daß sie Nachrichten über das Eheglück von Antonius und Octavia erhielt, werden wir vermuten dürfen. Wenn sie in der Tat so viel Gespür für Männer hatte, wie man ihr nachsagte, dann dürfte verständlich werden, daß sie Antonius nicht so leicht wieder würde ziehen lassen, als sie sich anläßlich des Partherfeldzuges wiedersahen.

# 9. Der Partherfeldzug des Antonius

Für den Partherfeldzug gab es mehrere Gründe: Das gerade in dieser Zeit wieder einmal expandierende Partherreich stellte eine Bedrohung des römischen Imperiums im Osten dar. In Syrien hatten die Parther den von Antonius eingesetzten Statthalter auf der Flucht erschlagen. Auch die Eroberung Jerusalems war ihnen gelungen. Der dortige König Herodes konnte sich, seine Familie und seine Schätze nur durch Rückzug in die Felsenfestung Masada retten. Für Antonius, der bezeichnenderweise die entsprechenden Kriegszugspläne Caesars ausführte, hätte ein Sieg die erneute Steigerung seines Prestiges bedeutet. Immer noch befanden sich römische Kriegsgefangene und römische Legionsadler seit der Niederlage des Crassus bei Carrhae 53 in den Händen der Parther. Und schließlich hatte Octavian gerade Sextus Pompeius, gegen den die Feindseligkeiten rasch wieder aufgeflammt waren, besiegt, besser gesagt durch Agrippa besiegen lassen; der Ehrenkodex der Römer verlangte, daß Antonius etwas Vergleichbares leistete.

Weil Octavia schwanger war und Antonius sie den Gefahren einer Seereise nicht aussetzen wollte, hatte er sie nach Rom zurückgeschickt und war nach Syrien aufgebrochen. Jetzt kam der Moment, wo er seine Beziehungen zu der ägyptischen Königin erneuern sollte. Kleopatra reiste zu ihm. Seit diesem Jahr 36 stützte sich Antonius in steigendem Maße auf die Ressourcen Ägyptens und auf dessen Königin.

Vor dem endgültigen Aufbruch in den Krieg mußte der Osten neu geordnet werden. Dabei ging es Antonius darum, die römischen Vasallenstaaten zu vergrößern. Antonius, wie bereits viele Feldherren vor ihm, vertraute starken Monarchien und deren Herrschern mehr als römischen Statthaltern, die ihm jederzeit gefährlich werden konnten und sich zudem eher dem ‚Staat' als einem einzelnen verpflichtet fühlten. Es war vor allem Pompeius Magnus gewesen, der einen Schutzring von Klientelfürstentümern um das Gebiet des römischen Reiches gelegt hatte. Solchen Herrschern waren persönliche Bindungen vertraut, wie sie der hellenistische Osten seit Jahrhunderten kannte. In diese Tradition stellte sich Antonius, als er eine neue Verteilung der Klientelstaaten vornahm. Amyntas, Führer galatischer Hilfstruppen, erhielt Galatien sowie Teile Paphlagoniens und Lykaoniens; Kappadokien übergab Antonius an Archelaos, den Sohn jener schönen Glaphyra (S. 50). Zu den Vertrauten des Antonius zählte auch Herodes, dessen Herrschaftsbereich allerdings erst in weiten Teilen von den Parthern zurückerobert werden mußte. Erst im Jahre 37 war es römischen und jüdischen Truppen gelungen, Jerusalem zu ‚befreien'. Um in Zukunft besser gegen Unruhen geschützt zu sein, errichtete Herodes in Jerusalem eine Festung, die er zu Ehren seines Schutzherrn ‚Antonia' nannte. Mit dem Jahr 37 begann Herodes eine zweite, neue Zählung seiner Regierungsära.

Unter den erwähnten Klientelstaaten stellte Ägypten den wichtigsten dar, und so war Antonius bereit, auch das Ägyptische Reich zu vergrößern, zumal hier eine Königin regierte, auf deren Loyalität er besonders baute, weil sie seine Geliebte war.

Plutarch berichtet, daß Kleopatra im Jahre 36 von Antonius die Herrschaft über eine Reihe von Territorien erhielt: Phönikien und einen Teil von Kilikien, ferner die Balsamdistrikte von Judäa um Jericho und einen Streifen des nabatäischen Arabien (*Antonius* 36). Dank der Berichte des Flavius Josephus sind wir über zwei der Kleopatra übereigneten Landschaften etwas genauer informiert: über diejenigen, die sie von dem judäischen König Herodes und dem nabatäischen Herrscher Malichos übernahm (*Jüdische Altertümer* 15, 95–96. 106–107). Sowohl Herodes als auch Malichos kontrollierten die Kleopatra unterstellten Bereiche weiterhin politisch und wirtschaftlich, denn die ägyptische Königin war lediglich an der nominellen Herrschaft und an sicheren Einnahmen interessiert. Die Gegend um Jericho war aufgrund der Dattelpalmen-Haine und der dort gezüchteten Balsam-Sträucher die reichste Judäas. Weil offensichtlich für Herodes selbst genug übrigblieb, konnte er Kleopatra die hohe Summe von 200 Talenten jährlich als ‚Pacht' bezahlen. Der wirtschaftliche Anreiz des Nabatäerstreifens östlich des Toten Meeres lag in der Bitumen-Produktion. Die Einnahmen, oder besser gesagt Teile davon, standen Kleopatra zu. Sie bezog aus den nabatäischen Besitzungen ebenfalls 200 Talente jährlich von Herodes, der wiederum von Malichos bezahlt wurde. Wir werden davon ausgehen dürfen, daß neben Kleopatra auch Herodes und Malichos ihren Profit machten.

Bei den Städten Kilikiens, Strabo nennt Hamaxia und Elaiussa (14, 669. 671), fällt ebenso wie bei Zypern auf, daß hier Landstriche unter ägyptische Kontrolle kamen, die Rohstoffe zum Schiffsbau lieferten. Antonius wollte offensichtlich die Seemacht der Ptolemäer stärken. Porphyrios erwähnt zusätzlich das Königreich Chalkis. Lysanias, König dieses an den Abhängen des Libanon gelegenen Kleinstaates, war aufgrund von Anklagen der Kleopatra zum Tode verurteilt worden, und seinen Herrschaftsbereich erhielt die ägyptische Königin ebenfalls. Der Historiker betont, daß solcher Machtzuwachs für Kleopatra der Ausgangspunkt einer neuen Ära geworden sei (Porphyrios, in: *Fragmenta historicorum Graecorum* 3, 724), die sie rückwirkend vom 1. September 37 an rechnete. Von diesem Zeitpunkt an tragen Münzen wie diejenigen von Berytos, Tripolis oder Orthosia, die auf der Vorderseite das Bild der Kleopatra zeigen, auf der Rückseite beispielsweise die Angabe: das 16. Jahr, das auch das 1. ist.

Der Beginn dieser neuen Ära war durch einen wichtigen Erfolg der ägyptischen Politik veranlaßt. Die Kriege, welche die ägyptischen Pharaonen und ptolemäischen Könige um den Besitz Syriens und Palästinas geführt hatten, waren Legion. Für Kleopatra war daher im Jahre 36 ein Traum wahr geworden: Ägyptens Großmachtpolitik war Realität geworden, Realität durch die Gnade eines römischen Triumvirn, der zugleich ihr Mann und Vater zweier ihrer Kinder, wenngleich nicht ihr Gatte war. Denn obwohl Antonius zu dieser Zeit seine Kinder mit der Königin als rechtmäßig anerkannte, blieb damit die Stellung der Kleopatra unverändert. In Ägypten erschien nun erstmals der Kopf des Antonius auf Münzen; er trug seinen römischen Titel eines Imperators und Triumvirn.

Kleopatra begleitete Antonius auf dem Feldzug gegen die Parther bis zum Euphrat und kehrte dann nach Syrien zurück, wo sie ihre neuen Besitzungen besuchte. Herodes kam ihr bis an die syrische Grenze entgegen. Die beiderseitige Abhängigkeit von Antonius ließ sie den Haß gegeneinander überspielen. Verwundert es angesichts der antiken Geschichtsschreibung über Kleopatra, wenn Flavius Josephus ihr in diesem Zusammenhang unterstellt, sie habe Herodes verführen wollen (*Jüdische Altertümer* 15, 4, 2)?

Der Partherfeldzug erwies sich als völliger Fehlschlag. Die Parther kamen zunächst Antonius zuvor. Während sich dieser in Alexandria aufhielt, fielen sie in Kleinasien und Syrien ein und schlugen seinen Legaten L. Decidius Saxa. Erfolgreicher waren dagegen seine Generale gegenüber Armenien und Judäa. Als aber Antonius Ende 36 persönlich das Kommando übernahm, wandte sich das Kriegsgeschick. Fast zwei Jahrzehnte nach der berühmten Niederlage des Crassus bei Carrhae im Jahre 53 erbeuteten die Parther erneut zwei römische Legionsadler. Im Laufe der Belagerung der medischen Hauptstadt Phraaspa mußte sich Antonius ohne Ergebnis zurückziehen. Als er schließlich die syrische Küste wieder erreichte, hatte er aber immerhin zwei Drittel seiner demoralisierten Armee retten können.

Was nun die Beziehungen des Antonius zu seinen Frauen Octavia und Kleopatra betraf, so begannen sich die Verhältnisse nach dem Ende des Partherkrieges zu klären. Als er sich auf der Heimreise von dem mißglückten Feldzug befand, rüsteten beide Frauen in Rom beziehungsweise Alexandria Hilfsexpeditionen aus, um ihm Soldaten, Geld, Vorräte und Kleidung für die Truppen zu schicken. Antonius mußte wählen und entschied sich für Kleopatra, die ihn an der syrischen Küste zwischen Sidon und Berytos traf.

Von Rom aus war Octavia im Einverständnis mit ihrem Bruder Octavian zu ihrem Mann in den Orient aufgebrochen. Wir wissen nicht, was Octavia Antonius von ihrem Bruder auszurichten hatte, wir sehen nur einige Gesten; diese aber sprechen beredte Sprache. Seit 39 wartete Antonius vergeblich auf die Möglichkeit, Truppen in Italien rekrutieren zu können, seit 37 wartete er ebenso vergeblich auf Truppen, die ihm als Gegenleistung für die von ihm dem Schwager zur Verfügung gestellte Flotte zustanden. Octavian ließ ihn jedoch leer ausgehen. Dem *Liebhaber der Kleopatra* gegenüber fühlte er sich an keine Verträge gebunden, blieben sämtliche Zusagen unverbindlich. Doch der *Gemahl der Octavia* hätte auf Entgegenkommen hoffen, vielleicht sogar damit rechnen können, daß man einen Vertrag einhielt, so wie es unter römischen Aristokraten und gar unter Schwägern eigentlich üblich sein sollte. Schließlich erhielt Antonius, gleichsam als Anzahlung, 2.000 Soldaten, wirklich nur eine erste Rate angesichts der vereinbarten 20.000 Mann.

Wenn dies ein Angebot zur Verständigung war, dann lehnte Antonius es ab. Die Zurückweisung der nunmehr uninteressant gewordenen Ehefrau bedeutete eben auch eine zielgerichtete politische Demonstration an die Adresse ihres Bruders, den Schwager des Antonius, den Kollegen im Triumvirat, den Herrn des Westens. Immer und immer wieder hat man auf die persönlichen Gründe für diese Entscheidung hingewiesen. Aber selbst wenn Kleopatra attraktiver, schöner, intelligenter, charmanter und die bessere Geliebte war: Es gab auch sachliche Überlegungen, welche die Distanz zu Octavia nahelegten.

Was war denn politisch zu gewinnen durch ein Zusammensein mit Octavia? Ein neuer Vertrag von Tarent wie der des Jahres 37? Wer garantierte, daß sich Octavian diesmal an seine Zusagen hielt? Dies hatte er doch nicht einmal gegenüber einem wesentlich mächtigeren Antonius, als es nun der Verlierer des Partherkrieges war, getan. Welche Gründe hätte allerdings auch Octavian haben können, Antonius zu helfen, gleichermaßen das Schwert zu schmieden, das sich gegen ihn selbst richten würde? Selbst wenn bei Octavian bester Wille vorausgesetzt würde, was wäre denn zu erreichen gewesen? Eine Zweierherrschaft der beiden Männer, basierend auf einer neuen Reichsteilung: Ein römisches Westreich, regiert von Octavian, und ein Ostreich, beherrscht von Antonius?

Was Antonius zu gewinnen hatte, wenn er zu Octavia zurückkehrte und sich mit ihrem Bruder zu einigen suchte, wußte damals niemand zu sagen; aber die Skepsis gegenüber dem

Nutzen dürfte überwogen haben. Was Antonius zu verlieren hatte, wenn er sich von Kleopatra trennte, war dagegen klar zu prognostizieren. Manches davon vermochte wohl nur Antonius selbst zu beantworten, anderes dagegen konnte sein Beraterstab mühelos aufzählen: Ägypten war das einzige Land, dessen Reichtum die Grundlage dafür bilden konnte, das Tief nach dem Partherkrieg zu überwinden: Bereits bestehende Legionen mußten wieder auf Sollstärke gebracht, neue Truppen aufgestellt und vor allem eine Flotte gebaut werden.

Wenn Antonius sich je länger je mehr auf die Ressourcen des Ostens stützte, dann lag dies auch daran, daß Octavian ihm diejenigen des Westens verschloß. Was Octavian anschließend als romantische Grille des Antonius oder dämonischen weiblichen Einfluß der Kleopatra geißelte, war in Wirklichkeit schierer Zwang, geboren aus der Politik des Octavian selbst.

Dennoch scheint sich Kleopatra ihrer Sache nicht sicher gewesen zu sein. Zum ersten und einzigen Mal berichtet Plutarch davon, daß sie zu Mitteln griff, die eher in ein Rührstück passen (*Antonius* 53): „Sie ruinierte ihre Gesundheit durch Fasten. Sie gab sich den Anschein, als ob ihr Blick bei seinem Kommen zusammenschrecke und ihm bei seinem Gehen in schmerzvoller Niedergeschlagenheit und Sehnsucht folge. Und sie wußte es so einzurichten, daß man sie oft weinend erblickte, wobei sie dann ihre Tränen rasch zu trocknen und zu verbergen suchte, damit er sie nur ja nicht sähe." War Kleopatra seelisch wirklich so angegriffen oder offenbarte sie ihr schauspielerisches Talent?

Antonius schickte jedenfalls seine Ehefrau, die ihm bereits bis Athen entgegengeeilt war, nach Rom zurück; die 2.000 Soldaten, die sie mitgebracht hatte, nahm er in sein Heer auf. Das, worauf sein Schwager Octavian offensichtlich spekuliert hatte, war eingetreten, die faktische Trennung von Octavia, die nur noch einer formellen Bestätigung bedurfte. Damit war der Bruch zwischen Antonius und Octavian vollzogen, und es mußte eigentlich jedem politisch klaren Verstand bewußt sein, daß es zwischen beiden so enden würde wie zwischen Pompeius und Caesar. Denn die römische Welt vertrug nur einen ‚Caesar'.

Nach Rom zurückgekehrt und dort hochgeehrt, weigerte sich Octavia allerdings, rechtliche Konsequenzen zu ziehen, und daher zögerte auch Antonius, den Scheidebrief zu schicken. So blieb er der Gatte der Octavia, denn seine Beziehung zu Kleopatra betraf zwar die Gefühle der Octavia, aber nicht die Ehe mit ihr. Für Kleopatra dauerten also die ungeregelten Verhältnisse weiter an. Eines hatte sie allerdings durch die Zeit mit Antonius erreicht: Er war nun nicht mehr bereit, sich von ihr zu trennen. Gegen Ende des Jahres brachte sie ihr drittes Kind mit Antonius, Ptolemaios Philadelphos, zur Welt. Der Name erinnerte an jenen Ptolemaios II. Philadelphos, der das Reich der Ptolemäer zu Beginn des 3. Jahrhunderts ausgebaut hatte.

Von Ägypten brach Antonius 35 zu einem zweiten Partherfeldzug auf, bei dem er allerdings nur bis Syrien kam. Dann kehrte er zurück. Es ist viel darüber gerätselt worden, ob ihn politische oder strategische Überlegungen oder Kleopatra und das Leben am Hof zur Umkehr bewogen hatten.

# 10. Hofleben

Über das Leben am Hof wird uns einiges berichtet, aber es sind Zweifel angebracht, ob alles stimmt: Plutarch hat mancherlei von seinem Großvater Lamprias gehört, diesem wiederum hatte es dessen Freund Philotas erzählt, der zur Zeit von Antonius und Kleopatra Student der Medizin in Alexandria gewesen war. Philotas war dann Leibarzt des Antonius, des Sohnes des Antonius, geworden. In dieser Stellung hatte er die Bekanntschaft eines Kochs am Hof in Alexandria gemacht, der ihm mancherlei erzählt hatte (Plutarch, *Antonius* 28).

Beginnen wir also mit einer Geschichte ‚aus erster Hand‘ (ebd.). Eines Tages briet die Küche acht Wildschweine am Spieß, die alle zu unterschiedlichen Zeiten gar sein sollten. Sie seien für den Tisch des Antonius bestimmt, erzählte man dem staunenden Besucher, dessen Verwunderung wuchs, als er erfuhr, daß nur zwölf Gäste erwartet wurden. Die Erklärung des Chefkochs gibt zugleich einen Eindruck davon, was man damals unter verschwenderischer Lebensweise verstand: „Wir wissen nicht, wann Antonius etwa ein Abendessen befiehlt oder ein Getränk zu servieren verlangt, und daher müssen wir stets nicht nur ein, sondern mehrere Essen in Bereitschaft halten."

Es ging angeblich alles ungemein lasterhaft zu an diesem Hof, aber lasterhaft für wen? Für allzu ‚puritanische‘ und phantasielose Römer? Mit besonderer Abscheu kolportierten die Gegner des Antonius in Rom die Geschichte des Munatius Plancus, eines der engsten Freunde und Vertrauten des Triumvirn, der dessen Siegelring benutzen durfte. Plancus war bei einem der Festspiele nackt aufgetreten, dabei aber von Kopf bis Fuß in meergrüne Farbe getaucht. Er repräsentierte in solcher Aufmachung Glaucus, einen fischgestaltigen Meeresgott, von dessen Erscheinungen und Weissagungen über Glück und Unglück die Seeleute erzählten. Plancus/Glaucus trug eine Krone aus Schilf und einen Fischschwanz (Velleius Paterculus 2, 83, 2).

An moralisierenden, immer phantastischeren Geschichten von Luxus und Verschwendungssucht haben sich die antiken Autoren in ihren Schilderungen stets gern übertroffen.

Das größte Beispiel für solche Verschwendungssucht bot nach Plinius dem Älteren jedenfalls Kleopatra. Sie besaß die beiden größten bekannten Perlen ihrer Zeit; Perlen waren für die Römer Symbol des Luxus schlechthin. Bei einer der Mahlzeiten mit Antonius, die stets ungewöhnlich prachtvoll und aufwendig gewesen sein sollen, schmähte Kleopatra – von Plinius, der diese Geschichte berichtet, die Dirnen-Königin (*regina meretrix*) genannt – das gesamte Essen als ärmlich. Auf die Frage des Antonius, was denn seiner Prachtliebe zusätzlich geboten werden könne, antwortete Kleopatra, sie wolle das nächste Mal eine Mahlzeit im Wert von 10.000.000 Sesterzen verzehren. Antonius hielt dies nun doch für überzogen, und die beiden gingen eine Wette ein, die am folgenden Tag eingelöst werden sollte; Munatius Plancus war Schiedsrichter. Es gab eine wie immer reichhaltige, aber nicht ungewöhnliche Mahlzeit, und Antonius machte sich bereits über die Verliererin lustig. Daraufhin ließ Kleopatra das ‚Dessert‘ auftragen, ein Trinkgefäß mit Essig. Sie trug damals die beiden Perlen, „jenes überaus seltene und wahrhaft einzige Werk der Natur", und während Antonius wartete, was sie tun würde, nahm sie eine Perle, warf diese in den Essig und schlürfte das Getränk (Abb. 8; S. 111). Als sie auch die zweite auf die gleiche Weise verzehren wollte, griff Plancus ein und erklärte sie zur Siegerin (Plinius der Ältere, *Naturkunde* 9, 119–121). Die Geschichte will das alles menschliche Begreifen überschreitende Unmaß an Überheblichkeit und Extravaganz zum Ausdruck bringen, hat aber auch manchen heutigen Chemiker veranlaßt, sich zu der Episode zu äußern. Andere moderne Erklärungsversuche setzen darauf, Kleopatra habe die Perle heruntergeschluckt und gehofft, sie ‚auf natürlichem Wege‘ zurückzuerhalten.

Kleopatra und Antonius würfelten, jagten und zechten gemeinsam. Zu den Vergnügungen der beiden gehörte auch das alte Spiel aller Herrscher, verkleidet durch die Gassen der Hauptstadt zu streifen.

Antonius fühlte sich anscheinend wie ein Schuljunge in den Ferien, zumindest benahm er sich dementsprechend. Als er einmal beim Angeln nichts fing und sich darüber ärgerte, zumal Kleopatra zusah, befahl er den Fischern, heimlich unter Wasser heranzuschwimmen und schon gefangene Fische an der Angel zu befestigen; anschließend zog er mehrmals Beute herauf. Am nächsten Tag ließ die Königin, die den Trick bemerkt hatte, einen gepökelten Fisch an der Angel des Antonius anbringen, den dieser prompt hochzog und damit große Heiterkeit erregte. Ihren Witz demonstrierte Kleopatra auch mit der anschließenden Bemerkung, die den möglicherweise aufkommenden Zorn ihres Helden sofort besänftigte (Plutarch, *Antonius* 29): „Überlass' doch, Imperator, die Angelrute uns Königen von Pharos und Kanopos! Dein Fang sind Städte, Königreiche und Kontinente!"

Antonius beherzigte den Rat seiner Geliebten. 34 begann er erneut einen Feldzug, diesmal gegen Armenien, dessen König die Schuld am Scheitern des Partherfeldzugs von 36 gegeben worden war. Hierbei war Antonius endlich erfolgreich. Als er nach Alexandria zurückkehrte, brachte er nicht nur eine große Beute, sondern auch den armenischen König als Gefangenen mit. Derartige Siege waren in Rom stets Anlaß für einen Triumph, und auf eine Siegesfeier wollte auch Antonius nicht verzichten.

# 11. Königin der Könige

Was nach dem Sieg des Antonius über Armenien geschah, war für römische Vorstellungen angeblich unerhört: Ein römischer General beging eine Art Triumph, tat dies aber nicht auf der heiligen Straße Roms hinauf zum Capitol, zum höchsten römischen Staatsgott. Zwar zog Antonius auch über eine große Straße und ebenfalls zu einer Gottheit, doch es war die Hauptstraße Alexandrias an deren Ende die ägyptische Königin ihn auf einem goldenen Thron als Gottheit Isis erwartete. Velleius Paterculus beschreibt den Einzug des Antonius (2, 82, 4): „Er (Antonius) hatte vorher angeordnet, daß man ihn den neuen *Liber Pater* (eine der lateinischen Bezeichnungen des Dionysos) nenne. Mit Efeu bekränzt, mit einem golddurchwirkten, safranfarbenen Gewand bekleidet, einen Thyrsosstab haltend (S. 49) und hohe Stiefel tragend fuhr er in einem Wagen wie Liber Pater durch Alexandria." Dies war kein römischer Triumph, es war eine Siegesfeier als dionysische Prozession, wie sie die Alexandriner von den eingangs geschilderten Ptolemaia her kannten (S. 11).

Wenige Tage später fand ein weitaus erregenderes Schauspiel im Gymnasium von Alexandria statt. Auf einem Podium aus Silber saßen Antonius und Kleopatra auf goldenen Thronen. Kleopatra trug als Göttin Isis äygptische Gewänder, Antonius erschien als römischer Imperator in goldener Rüstung und Purpurtoga. Die vier Kinder der Königin saßen ebenfalls auf Thronen, aber ein wenig tiefer als die beiden Erwachsenen. Dem Paar am nächsten saß Ptolemaios XV. Kaisar, offizieller Mitregent seiner Mutter, dann die Kinder mit Antonius: Alexander Helios in der Robe eines Mederkönigs, mit der Tiara, der hohen persischen Mütze, Ptolemaios Philadelphos in der Tracht eines Makedonenkönigs, mit breitkrempigem Filzhut, Mantel und Stiefeln, und schließlich Kleopatra Selene. Alle Herrscher waren mit einer Leibwache in der jeweiligen Landestracht umgeben. Hier schien Geschichte Gestalt zu gewinnen.

Ein Herold verkündete, Kleopatra trage fortan den Titel ‚Königin der Könige‘, Kaisar, dessen legitime Abstammung von Caesar nochmals öffentlich erklärt wurde, den Titel ‚König der Könige‘. Alexander Helios, sechs Jahre alt, wurde als ‚Großkönig‘ Armeniens sowie Mediens und allen Landes jenseits des Euphrat proklamiert; gemeint waren die Gebiete des ehemaligen Herrschaftsbereiches des großen Alexander bis hin nach Indien, die freilich noch von den Parthern zu erobern waren. Der zweijährige Ptolemaios Philadelphos wurde König über Syrien und Kleinasien und Kleopatra Selene, wie ihr Zwillingsbruder sechs Jahre alt, Königin über Kyrene.

Mit dem demonstrativen Hinweis auf die Abstammung Kaisars von Caesar tat Antonius nicht nur Kleopatra einen Gefallen, sondern traf auch Octavian, der nur ein adoptierter und kein leiblicher Sohn Caesars war. Denn einen Aspekt der propagandistischen Auseinandersetzung zwischen Octavian und Antonius könnte man unter die Frage stellen: Wer ist der ‚legitimere‘ Sohn Caesars? Zählt der adoptierte oder der leibliche Sohn mehr? Seitdem Antonius mit Kleopatra verbunden war, machte er sich für die Interessen Kaisars stark: Dieser sei der wahre Sohn Caesars, ließ er landauf landab verkünden. Möglicherweise hatte er dies auch früher vor dem römischen Senat getan, wie Sueton behauptet (*Caesar* 52). In dieser Hinsicht war Kleopatra mit ihrem Sohn auch für Antonius eine Schachfigur in einem mit allen propagandistischen Mitteln geführten Spiel.

Antonius ließ Denare prägen mit lateinischer Aufschrift, die auch im Westen verbreitet wurden. Sie zeigten die Umschrift *Antoni Armenia devicta,* also eine Münze des Antonius, nach dem Sieg über Armenien. Auf der anderen Seite konnte man lesen: *Cleopatrae reginae regum filiorum regum,* Münze der Kleopatra, der Königin der Könige und der königlichen Söhne. Als Isis war Kleopatra Königin der Könige, Herrscherin über alle sterblichen Könige; und darüber hinaus war sie als irdische Königin Herrscherin über ihre Söhne, die selbst wiederum Könige waren. Erstmals erschien das Portrait einer Nicht-Römerin mit Namen und Titulatur auf offiziellen römischen Geldstükken. Antonius ließ ferner Goldmünzen prägen, die ihn mit seinem gleichnamigen römischen Sohn mit Fulvia zeigen; dieser war aus römischer Sicht sein einziger legitimer Erbe.

Von diesem Tag an stellte Kleopatra ihre Rolle als Göttin noch stärker heraus. Neben der Bezeichnung ‚Vater-Liebende Göttin‘, die sie von Anbeginn ihrer Herrschaft in der Tradition der Ptolemäer-Könige führte, nahm sie die Bezeichnung ‚Neue Isis‘ an, wie sie schon Kleopatra III. getragen hatte. Weitaus häufiger trug sie jedoch den Titel der ‚Jüngeren Göttin‘, was das gleiche bedeutete: Die bekannte Göttin kehrt auf die Erde in der Gestalt einer neuen Frau zurück. Von nun an erschien sie bei offiziellen Anlässen stets im Gewand der Isis (Abb. 5).

Abb. 5: Kleopatra als Isis

Vielleicht gingen ihr an diesem Tage in Alexandria Gebete durch den Kopf, wie sie in Ägypten und der gesamten hellenistischen Welt verbreitet waren. Gebete an Isis, wie Kleopatra sie selbst bei den Opfern im Tempel sprach, Gebete, die man allerdings auch an sie als Göttin Isis richtete. Eine solches Gebet oder Glaubensbekenntnis ist beispielsweise aus dem kleinasiatischen Kyme erhalten und kann illustrieren, was man mit Isis verband, was folglich auch bei dem Titel ‚Königin der Könige‘ mitgedacht werden konnte (*Inscriptiones Graecae* 12, 5, 739):

„Isis bin ich, die Herrin eines jeden Landes, und ich wurde erzogen von Hermes, und die Schriftzeichen habe ich erfunden mit Hermes, die Hieroglyphen und die demotische Schrift, damit alles in ihnen geschrieben werden kann. Ich habe die Gesetze für die Menschen aufgestellt und in Kraft gesetzt, die niemand ändern kann.

Ich bin des Kronos älteste Tochter. Ich bin Gattin und Schwester des Königs Osiris. Ich bin es, die die Feldfrucht für die Menschen gefunden hat. Ich bin die Mutter des Königs Horus.

Ich bin es, die im göttlichen Hundsstern aufgeht. Ich bin es, die von den Frauen als Göttin angerufen wird. Für mich wurde die Stadt Bubastis erbaut.

Ich habe die Erde vom Himmel getrennt. Ich habe den Sternen ihren Weg gewiesen. Ich habe den Lauf der Sonne und des Mondes bestimmt. Ich habe die Werke der Seefahrt erfunden.

Ich habe das Gerechte stark gemacht. Ich habe Frauen und Männer zusammengeführt. Ich habe den Frauen befohlen, ihre Kinder im zehnten Monat ans Licht zu bringen. Ich habe geboten, daß die Eltern von den Kindern geliebt werden. Ich habe eine Strafe für diejenigen aufgestellt, die ohne Liebe für ihre Eltern sind.

Ich habe mit meinem Bruder Osiris dem Essen von Menschen ein Ende bereitet. Ich habe den Menschen die Einweihung in die Mysterien gezeigt. Ich habe die Verehrung der Götterbilder gelehrt. Ich habe die Bezirke der Götter geheiligt.

Ich habe die Herrschaft der Tyrannen beendet. Ich habe die Frauen gezwungen, die Liebe der Männer anzunehmen. Ich habe das Recht stärker gemacht als Gold und Silber. Ich habe befohlen, die Wahrheit zu lehren. Ich habe die Eheverträge entworfen ...

Ich bin die Herrin der Flüsse, der Winde und des Meeres. Niemand wird ohne mein Wissen geehrt. Ich bin die Herrin des Krieges. Ich bin die Herrin des Donnerkeils. Ich wühle auf und glätte das Meer. Ich bin in den Strahlen der Sonne. Ich begleite den Weg der Sonne.

Wenn es mir gefällt, wird zu Ende gehen, was enden soll. Mir gehorcht alles. Ich löse die Gefesselten. Ich bin die Herrin der Seefahrt. Ich mache das Schiffbare unschiffbar, wenn es mir gefällt.

Ich habe die Mauern der Städte geschaffen. Ich werde die Gesetzgeberin genannt. Ich habe die Inseln aus der Tiefe ans Licht gebracht. Ich bin die Herrin der Regenstürme. Ich besiege das Schicksal. Auf mich hört das Schicksal."

Und es schien in der Tat, als sei Isis/Kleopatra Herrin des Schicksals. Die Königin dürfte zu dieser Zeit das Ziel ihrer Träume, die Vision eines ägyptisch-ostmediterranen Großreichs, zum Greifen nahe gesehen haben. Mag sein, daß sie sich damals in der Geschichte verlor, in der Erinnerung an eine bessere Zeit der Ptolemäer, an die eines Philadelphos oder Euergetes. Antonius hatte ein Königreich geschaffen, das unter ihr, der ‚Königin der Könige' zwar noch relativ klein war, das aber unter ihrem Sohn und Nachfolger, der ja gleichsam der Nachkomme Alexanders war, einmal die Ausmaße von dessen Riesenreich annehmen sollte.

Eben dieser Ptolemaios Kaisar war, sein Name hielt dies permanent in Erinnerung, der Nachkomme jenes Caesar, um dessen Erbe Antonius und Octavian nun schon Jahre stritten, und wenn Antonius in diesem Kampf siegen sollte, dann würde Ptolemaios einmal das Erbe Caesars antreten. Der Sohn Kleopatras würde dann Herrscher nicht nur über das Reich Alexanders, sondern auch über das Caesars sein. Dies waren Dimensionen, die alle antiken Vorstellungen über Großreiche sprengten: Von den Säulen des Herakles bis zum Indischen Ozean. Innerhalb dieses unvorstellbaren Machtgebildes würde Alexandria, Sitz des Welthandels wie der Weltliteratur, aufgrund seiner zentralen Lage die Rolle der Welthauptstadt zufallen. Denn schließlich barg Alexandria das Grab des letzten und bislang einzigen Weltherrschers: Alexander. Dies alles war ein Traum, aber es war keineswegs ausgeschlossen, daß dieser Traum nicht eines Tages Wirklichkeit werden könnte. Doch bis dahin war noch ein weiter Weg, und dieser mußte über die Niederlage Octavians führen.

# 12. Vorbereitung der Auseinandersetzung: Rom

Bei den im nächsten Kapitel dargestellten Vorbereitungen des Antonius war Kleopatra aktiv beteiligt, bei den hier zu schildernden des Octavian war sie dagegen stets als Feindbild präsent.

Noch bis zum Herbst 35 war jedes größere kriegerische Ereignis des Antonius im Osten auch in Rom mit entsprechenden Festen begleitet worden. So hatte man anfängliche Siege seiner Generale über die Parther feierlich begangen. Im Jahre 37 hatte man die Eroberung Jerusalems gefeiert und noch nach dem Partherkrieg des Antonius Dankopfer für die Götter abgehalten, weil dieser seinen Feldzug als Erfolg ausgegeben hatte. Ja selbst noch 35, nachdem Octavia bereits von ihrem Gatten Antonius zurückgeschickt worden war, hatte Octavian anläßlich seiner eigenen Siegesfeiern über Sextus Pompeius auch Antonius geehrt: Für Antonius wurde ein Triumphwagen vor der Rostra aufgestellt, Statuen errichtet und ihm ferner die Erlaubnis erteilt, mit seiner Familie im Tempel der Concordia zu speisen.

Doch danach war mit solchen Ehrungen schlagartig Schluß. Stattdessen lassen sich Anzeichen für mehr oder weniger direkte Kriegsvorbereitungen erkennen. Der einzige wirklich bedeutende Erfolg des Antonius, die Eroberung des Armenischen Reiches im Jahre 34, ist in Rom ignoriert worden. Parallel dazu, gleichermaßen als Kontrastprogramm, begann seit dem Juni 34 eine Serie von Triumphen, die Octavian seinen Generalen selbst bei nur unbedeutenden Erfolgen gewährte; nicht weniger als fünf seiner Anhänger wurde diese Ehre zuteil.

Gleichzeitig hob Octavian die propagandistische Auseinandersetzung auf eine neue Ebene. Die Feiern des Antonius in Alexandria sowie die Zuteilung von Territorien an seine und der Kleopatra Kinder im Herbst 34 lösten in Rom einen Sturm der Entrüstung aus, zumindest vermitteln unsere Quellen einmütig diesen Gefühlsausbruch. In den Augen eines entsprechend indoktrinierten stadtrömischen Patrioten mag die Handlungsweise des Antonius hochverräterisch erschienen sein; emotionslos betrachtet, mochte man die Sache allerdings auch anders beurteilen. Doch wer konnte und wollte in der damaligen Situation noch nüchtern urteilen? Im Vertrag von Tarent hatten Antonius und Octavian gleichsam die Welt zwischen sich aufgeteilt: Der eine erhielt den Westen einschließlich Italiens, der andere den Osten. War es dann nicht konsequent weitergedacht, wenn Antonius seine Erfolge in seinem Reichsteil feierte, zumal Octavian gerade den Erfolg über Armenien (S. 67) in Rom nicht mit einer öffentlichen Anerkennung gewürdigt hatte? Und was die Neuverteilung römischer Länder betraf – aus der Sicht Octavians ,Verschleuderung' –, so hatte einst Caesar, als dessen Testamentsvollstrecker sich zu gerieren Octavian nicht müde wurde, die Provinz Zypern an die ägyptische Königin Arsinoë gegeben. Octavian selbst hatte die Umwandlung von römischem Provinzialland in Königsland für Herodes gutgeheißen und sollte später dieses Gebiet nach der Schlacht von Actium sogar noch erweitern. Nach Actium sollte Octavian gleichfalls keinerlei Skrupel haben, die Hälfte der von Antonius angeblich veräußerten Provinz Kilikien in den Händen von Königen zu belassen. Faktisch behielt auch im Jahre 34 innerhalb der neuen, von kleinen Kindern regierten Scheinkönigtümer die römische Verwaltungsform volle Geltung. Dennoch lieferten die Vorgänge von Alexandria, so erläutert Plutarch (*Antonius* 55), die Gründe für die große Propagandaschlacht, deren Anfänge wir zwar in der Zeit unmittelbar nach Caesars Tod mitverfolgt haben (S. 37–40), die nun aber erst richtig angestachelt wurde.

Neben der privaten Korrespondenz nutzte Octavian die ihm ganz anders als Antonius zustehenden Möglichkeiten, sich in Rom an eine breite Öffentlichkeit zu wenden. Diese Gelegenheit bot sich, als er um die Jahreswende 34/33 für wenige Tage in der Hauptstadt weilte, um am 1. Januar seinen Konsulat anzutreten, eine Stelle, die ihm seinerzeit im Vertrag von Misenum persönlich vorbehalten worden war. An der Politik des Antonius übte Octavian herbe Kritik, indem er patriotische italische Töne anschlug, die in dem von ihm so geliebten Vorwurf der ‚Verschleuderung‘ der Länder des römischen Volkes gipfelten. Daraufhin sandte Antonius noch Anfang des Jahres ein umfangreiches offizielles Schreiben an den Senat. Im Mittelpunkt stand die Kritik an Octavians Politik, seitdem Antonius Italien verlassen hatte. Antonius tadelte die Absetzung des Lepidus, die alleinige Inbesitznahme Siziliens und Afrikas durch Octavian, die Verteilung italischen Koloniallandes ausschließlich an Veteranen des Octavian und vieles andere mehr. Antonius verlangte von allen Erwerbungen und Verteilungen und von allen in Italien ausgehobenen Rekruten – das alte Problem – die Hälfte für sich.

Die Antwort Octavians traf im Sommer 33 bei Antonius in Armenien ein. Neben zahlreichen politischen Anschuldigungen enthielt sie im Ergebnis die Ablehnung aller Forderungen. In einer derartigen Korrespondenz ging es nicht um Argumente, sondern um Propaganda, und so dauerte es bis zur Wende des Jahres, bis wiederum ein offizielles Schreiben des Antonius beim Senat einging.

Dieser Zeitpunkt war für einen erneuten Propagandaschlag günstig gewählt. Einerseits neigte sich der vereinbarte Zeitraum des Triumvirats dem Ende zu, andererseits waren beide Konsuln für das Jahr 32 Anhänger des Antonius. Immer noch respektierte selbst Octavian den Vertrag von Misenum, da es für ihn nach wie vor galt, die Senatoren für seine Sache zu gewinnen, und Antonius wußte sich von einer großen Gruppe von Senatoren unterstützt. Dieser legte nach beendetem Triumvirat einen ausführlichen Rechenschaftsbericht über seine Verwaltungsmaßnahmen vor und bat um die Bestätigung seiner Anordnungen durch den Senat. Er deutete an, seine Amtsgewalt niederzulegen, wenn Octavian dies auch tue, hoffte insgeheim, besser gesagt: wußte aber, daß dies nicht geschehen würde.

Von einer Antwort Octavians hören wir nichts mehr, die offizielle Korrespondenz war offensichtlich beendet. Es gab auch nichts, was deren Fortsetzung lohnte. Die Themen der Spiegelfechtereien waren erschöpft, es ging ohnehin nur noch darum, den Gegner in den Augen der Öffentlichkeit herabzusetzen und lächerlich zu machen. Dafür aber eigneten sich die privaten Schlammschlachten ohnehin besser. Es ging nicht um Recht oder Unrecht, sondern um ‚Moral‘ und Emotionen. Auf diesem Feld gewann Octavian, denn auf der Gegenseite gab es Kleopatra, und Kleopatra war ‚nur‘ eine Frau und noch dazu keine Römerin.

Das Jahr 32 begann mit dem Amtsantritt zweier Konsuln, die beide Anhänger des Antonius waren. Daher erneuerte Sosius, der eine von beiden, in seiner traditionellen Antrittsrede die Vorwürfe des Antonius gegen Octavian. Wie die Kräfteverhältnisse im Senat zwischen den Anhängern des Antonius und denen des Octavian waren, erfahren wir nicht. Auf jeden Fall standen so viele hinter Antonius, daß sich eine Abstimmung im Senat – allein schon der äußeren Wirkung wegen – aus der Sicht Octavians nicht empfahl. Daraufhin fanden den Januar hindurch in Rom nochmals Verhandlungen zwischen Octavian und den Anhängern des Antonius statt. Dabei ging es darum, möglichst viele auf die eigene Seite zu ziehen.

Zudem nutzte Octavian die Zeit, um einen Vorgang zu planen, den einige Forscher ‚Staatsstreich‘ genannt haben und der wohl im Februar stattfand. Octavian gab eine ‚Erklärung‘ ab und machte seine Position deutlich. Sämtliche bedeutenden Anhänger des Antonius mit den amtierenden Konsuln an der Spitze verließen daraufhin fluchtartig die Hauptstadt. Selbst wenn es nicht die gelegentlich geschätzten 400 Personen waren, so blieb dieser Exodus doch beeindruckend und erregte Aufsehen. Auch aus diesem Grund benötigte Octavian weitere Monate der Vorbereitung, ehe er den Bruch mit Antonius offiziell vollziehen konnte.

Um den Gang der Ereignisse weiter zu verfolgen, müssen wir den Schauplatz wechseln und unsere Blicke nach Ephesos richten.

# 13. Vorbereitung der Auseinandersetzung: Ephesos

Für das Frühjahr 32 waren von Antonius Kontingente sämtlicher Klientelfürsten nach Ephesos aufgeboten worden. Bereits im Winter hatte sich in Ephesos eine Flotte von 500 Kriegs- und 300 Transportschiffen versammelt. Die Stadt bot mit ihrem Golf und seinen zahlreichen Hafenbuchten Platz für eine Flotte nahezu beliebiger Größe. Ferner war von hier aus eine bequeme Überfahrt nach der zum Aufmarsch gegen Italien in Aussicht genommenen südlichen Peloponnes möglich.

In Ephesos trafen auch die Konsuln und die Senatoren aus Rom mit Antonius zusammen. Ihre Parteinahme für Antonius war unstrittig. Die Frage war nur, was mit Kleopatra geschehen sollte. Sie stand im Mittelpunkt der Diskussion, allerdings mehr als Gegenstand, denn als aktiver Gesprächspartner, jedenfalls für die gerade aus Rom Eingetroffenen. Die beiden Konsuln Sosius und Domitius Ahenobarbus hatten frischeste Eindrücke von der öffentlichen Stimmung in Rom, und sie, vor allem Domitius Ahenobarbus, rieten dazu, Antonius solle Kleopatra aus Ephesos und seiner Umgebung entfernen.

Domitius Ahenobarbus, dessen persönliche Bindungen an Antonius durch die Verlobung ihrer Kinder verstärkt worden waren, verkörperte in dieser Diskussion die Haltung der stadtrömischen Aristokratie zu Kleopatra. Er sprach sie nur mit ihrem Namen, nicht aber mit einem Titel an. Tatsächlich soll Antonius Kleopatra gebeten haben, nach Ägypten zurückzukehren. Doch auf seiten der Römer standen diejenigen, die gerade aus der Hauptstadt gekommen waren, denjenigen gegenüber, die lange Zeit mit Antonius im Osten verbracht hatten. Zu letzteren gehörte Canidius, der später bei Actium den Oberbefehl über das Landheer erhalten würde. Er soll Antonius überzeugt haben, es sei besser, Kleopatra beim Heer zu belassen. Angeblich soll Kleopatra ihn bestochen haben, aber auch unabhängig davon sprach einiges für Kleopatras Bleiben: Die Ägypter stellten einen großen Teil der Flottenmannschaften, und man durfte sie nicht brüskieren. Schließlich hatte Kleopatra viele Soldaten und erhebliche Geldmittel zur Verfügung gestellt. Sie war wichtig, um die orientalischen Fürsten zusammenzuhalten.

Einen Eindruck von der damaligen Stimmung im griechischen Osten, von der Abneigung gegen Rom, aber auch von der generellen Sehnsucht nach einem Führer und Erlöser vermitteln einige der sibyllinischen Orakelsprüche. Nur gelegentlich lassen sich Details ausmachen, die an konkrete historische Zustände erinnern. So ist die Rede von einem Triumvirat in Rom und einer ägyptischen Königin (*Oracula Sibyllina* 3, 46–52): „Und während Rom noch zögert, in Ägypten einzufallen, wird diese Königin als mächtige Erbin eines Unsterblichen unter den Menschen hier erscheinen ... Drei Männer werden Rom dann knechten, das tief darniederliegt." Solche Prophezeiungen müssen zu Lebzeiten der Kleopatra verfaßt worden sein, und sie sollen die ägyptische Herrscherin mit jener geheimnisvollen Frau identifizieren, die einst die Welt retten und das Goldene Zeitalter einläuten wird (*Oracula Sibyllina* 3, 75–76): „Und dann soll der Kosmos, in den Händen einer Frau, von ihr beherrscht sein und ihr in allem gehorchen." Möglich ist, daß derartige Sprüche damals im Osten kursierten, möglich ist ferner, daß Antonius sich gerne von derartigen Argumenten überzeugen ließ.

Im Sommer 32 erfolgte der Aufbruch des Heeres aus Kleinasien und der Aufmarsch der Truppen auf der Peloponnes. Der Transport über See stellte eine herausragende logistische Leistung dar. 100.000 Mann Fußsoldaten, 12.000 Reiter und eine Flotte von 500 Kriegsschiffen mit mindestens 150.000 Mann Besatzung mußten über die Ägäis gebracht werden. Für derartige Menschenmassen und besonders für eine so starke Reiterei waren bedeutende Vorräte mitzuführen. Es war zweifellos ein eindrucksvolles Schauspiel, als über Tage hin Mann auf Mann, Pferd auf Pferd, Amphore auf Amphore auf die Schiffe gebracht wurden, die in zahlreichen Konvois am Horizont verschwanden, um nach Griechenland zu segeln. Da wohl nicht genügend Lastschiffe zur Verfügung standen, kehrten sie rasch wieder zurück, um neue Mannschaften und Proviant aufzunehmen.

Die nächste Station während des langsamen Vorrückens gegen Westen war Samos. In den Wochen auf dieser Insel entfaltete sich erneut der ganze Prunk orientalischer Hofhaltung. Die Städte Kleinasiens wetteiferten bei den Opfern und sandten Tiere für die nicht enden wollenden Zeremonien. Wer zu den Herrschern des Ostens zählte oder dazuzählen wollte, kam nach Samos; noch nie hatte man eine derartige Versammlung von Königen gesehen. Es waren praktisch alle, deren Reiche an den Teil des Imperium Romanum grenzten, den Antonius kommandierte, persönlich anwesend (um die immer schwierige Frage der Rangordnung zu umgehen, reihe ich sie alphabetisch auf): Amyntas von Galatien, Archelaos von Kappadokien, Bocchus von Mauretanien, Deiotaros von Galatien, Iamblichos von Emesa, Mithridates von Kommagene, Philadelphos von Paphlagonien, Polemon von Pontos, Rhoimetalkes und Sadalas von Thrakien sowie Tarkondimotos von Kilikien. Herodes von Judäa und der Nabatäerkönig Malichos hatten Abgesandte mit Kontingenten geschickt.

Aus Samos verlegte Antonius sein Hauptquartier nach Athen, wo er im Mai/Juni die Scheidung von Octavia vollzog. Wenn Antonius und Kleopatra überhaupt je verheiratet gewesen sein sollten, wäre die Eheschließung jetzt nach der Scheidung möglich gewesen. Es wäre aber auch dann keine Ehe nach römischem, sondern ‚nur' nach ägyptischem Recht gewesen. Auch eine solche Ehe ist allerdings eher unwahrscheinlich.

Bevor der Entschluß zur Scheidung gefaßt wurde, waren erneut Wochen der Diskussionen und Überlegungen vergangen. Die Überlieferung nennt einige der Diskussionsteilnehmer namentlich: Domitius Ahenobarbus, Titius, Plancus, Marcus Silanus, Dellius, und sie nennt die kontrovers diskutierten Themen: Teilnahme der Kleopatra am Feldzug, Scheidung von Octavia. Ob die Anhänger des Antonius gegen den Krieg an sich waren, wage ich zu bezweifeln.

Es hat also lange gedauert, bis Antonius sich zur Scheidung durchrang, bis Kleopatra sich durchgesetzt hatte. Dabei ging es keineswegs um die Trennung von Octavia, die Antonius seit nunmehr drei Jahren nicht mehr gesehen hatte, sondern es ging um den offiziellen Vollzug der Scheidung in Rom. Dagegen konnten die Männer um Domitius Ahenobarbus einiges ins Feld führen. Solange Antonius mit Octavia verheiratet war, konnte auf alle Vorwürfe zum Verhältnis des Antonius mit Kleopatra immer noch auf eine legale römische Ehe des Triumvirn verwiesen werden. Was Antonius sonst mit Kleopatra hatte, ließ sich gegenüber einem engherzigen Standesgenossen auch sonst nicht verständlich machen, aber so etwas ‚kam bei einem Mann eben vor‘. Doch eine Scheidung konnte den ganzen Bodensatz von Geschwätz und Vorurteilen wieder aufrühren, der sich etwas gelegt hatte. Schließlich blieb als wirksamstes Argument: Was war mit einer Scheidung zu gewinnen? In Rom: nichts. Bei den Römern: nichts. Bei den Truppen und Verbündeten im Osten: nichts. Hier blieb einzig und allein Kleopatra, die ihren Mann enger an sich binden wollte, die für ihn die einzige Frau werden wollte.

Kleopatra hatte letztlich offenbar die besseren Karten, wie auch immer diese aussehen mochten. Das psychologische Rätsel, das sich hinter der Entscheidung verbirgt, ist für uns nicht zu lösen, und deshalb sollten wir es besser bei Fragezeichen belassen. Die Alten hatten für das Unerklärliche schließlich eine Antwort parat: Verzauberung (Cassius Dio 50, 5, 3–4). Durch die Zauberkünste der Ägypterin habe Antonius den Verstand verloren. So mag der heutige Leser wählen zwischen dieser Erklärung oder derjenigen Shakespeares, der in seinem Hohelied der Sinnlichkeit gezeigt hat, wie eine Frau ohne Zaubertränke und Mixturen auskommt (S. 113).

Den Winter vor dem Angriff auf Italien verbrachten Antonius und Kleopatra in Athen. Hier war Octavia sehr populär gewesen, und so tat Kleopatra alles, um die Sympathien der Bürger zu gewinnen. Zur Ehrung der Kleopatra verabschiedete die athenische Volksversammlung ein Dekret, das eine Delegation athenischer Bürger überbrachte. An ihrer Spitze befand sich Antonius, der kurz zuvor mit dem athenischen Bürgerrecht ausgezeichnet worden war. Auf der Akropolis errichteten die Athener eine Statue der Kleopatra im Gewand der Isis neben einer schon vorhandenen des Antonius.

In die zweite Hälfte des Sommers 32 fiel dann die Aufgabe, das gewaltige Heer durch Griechenland hindurch an die Westküste zu führen; währenddessen mußte die Flotte die Peloponnes umsegeln. Im Herbst war dieser Aufmarsch abgeschlossen. Die Flotte lag in geschützten Häfen und sicherte Stationen an der Westküste, das Heer zog in die Winterquartiere. Antonius etablierte sich mit seinem Stab in Patrae (Patras).

Es bestand, wie gesagt, keine Eile. Für ein Übersetzen nach Italien war die Jahreszeit zu weit fortgeschritten. Die Flotte benötigte in Italien große Häfen, wollte man sie nicht von vornherein preisgeben. Als solche Häfen kamen lediglich Tarent und Brundisium in Betracht. Beide waren aber von ihren starken Städten geschützt und durch die Flotte Octavians besetzt. Zudem wußte Antonius aus eigener Erfahrung, wie langwierig sich eine Belagerung von Brundisium gestalten konnte; hatte er doch im Jahre 40 versucht, mit einer Flotte dort zu landen. Bei den immer näher rückenden Herbststürmen hätte sich Octavian nur defensiv zu verhalten brauchen und alles übrige ‚Bora‘ und ‚Schirokko‘ überlassen können. Es gab bei dem möglichen Zeitplan also gar keine andere vernünftige Wahl, als an der Westküste Griechenlands Winterquartier zu beziehen, um dort in Ruhe für das nächste Jahr zu planen.

Das Überlaufen des Munatius Plancus von Antonius zu Octavian soll uns Anlaß sein, erneut den Blick auf Italien zu richten, wo Ende Oktober ebenfalls die Vorbereitungsphase des Krieges zu Ende ging. Mit diesem Frontwechsel erhielt Octavian ein wichtiges Faustpfand. Plancus, ein vertrauter Freund des Antonius, hatte von diesem den Scheidebrief für Octavia und dessen von Plancus gegengezeichnetes Testament, das er in Rom hinterlegen sollte, bei sich. Plancus, der grün Gefärbte (S. 65), hatte alle bisherigen Bürgerkriege überlebt, jetzt traf er die wohl wichtigste Entscheidung seines Lebens: Er verriet Antonius. In seiner Rede vor dem Senat sprach er zunächst zu üblichen Themen und schließlich davon, daß er Kenntnis über das Testament des Antonius habe. Dieses enthalte drei Bestimmungen: Ptolemaios Kaisar sei Caesars Sohn, Legate für die Kinder von Kleopatra und Antonius wurden festgesetzt, und seine Leiche sollte in Alexandria beigesetzt werden. Es ist viel darüber gerätselt worden, ob diese testamentarischen Bestimmungen echt waren; sie wurden damals auf jeden Fall in Rom für echt gehalten und gaben Octavian den Anlaß zu einer Kriegserklärung, falls es überhaupt noch eines solchen bedurfte.

Die Tatsache, daß Octavian nach der Flucht der Anhänger des Antonius nochmals fast sechs Monate verstreichen ließ, ehe er die Kriegserklärung an Kleopatra wagte, zeigt, wie gespalten die öffentliche Meinung in Rom immer noch war. Octavians Anhänger haben dieses weitere halbe Jahr dringend benötigt, um die Saat der gegen Antonius und vor allem gegen Kleopatra gerichteten Propaganda so weit reifen zu lassen, daß man endlich gegen beide vorgehen konnte. Die Gebietsaufteilungen des Jahres 34 waren offenbar längst nicht so sehr als Verrat am Vaterland empfunden worden, wie dies bei den späteren augusteischen Dichtern klingt. Erst die offiziell in Rom ausgesprochene Scheidung des Antonius von Octavia und sein ‚Testament‘ ließen die Stimmung in der Hauptstadt und in Italien allmählich umschlagen. Mit der Bestimmung des ‚Testamentes‘, unter allen Umständen in Alexandria begraben sein zu wollen, ließ sich die Eifersucht der Massen schüren und deren Stimmung gegen Antonius wenden. Dies alles zeigt aber auch, wie behutsam Octavian seine Schritte plante, wie sorgfältig er sie vorbereitete.

Antonius wurde aller seiner Ämter enthoben. Für Octavian schuf man durch den allgemeinen Treueschwur des Volkes und der Provinzen eine neue Machtstellung als Ersatz für den abgelaufenen Triumvirat. In feierlicher, althergebrachter Weise erfolgte die Kriegserklärung an Kleopatra, indem der Fetialpriester, der ein altes, traditionsreiches Kultamt versah, die Kriegslanze schleuderte.

In Rom verteilten sich die Sympathien für Octavian und Antonius nahezu gleich. Wenn die Kinder in den Straßen Krieg spielten, dann fanden beide Gruppierungen problemlos etwa gleichviele Anhänger. Ein Handwerker der Hauptstadt, der nach der zu erwartenden Entscheidung seine Dienste dem Sieger anbieten wollte, lehrte zwei Raben, jeweils einen Satz nachzusprechen (Macrobius, *Saturnalien* 2, 4). Der eine konnte sagen: „Sei gegrüßt Caesar (Octavian), Sieger, Imperator!", der andere: „Sei gegrüßt Sieger, Imperator, Antonius!"

# 14. Das Jahr der Entscheidung: 31

Um die Strategie des Antonius zu verstehen, von dem wir keinerlei Äußerungen besitzen, kann vielleicht ein Rückblick in die Geschichte nützlich sein. Pompeius Magnus hatte vor der Entscheidungsschlacht gegen Caesar im Jahre 49 weiter nördlich Aufstellung genommen. Er hatte seinerzeit Apollonia und Dyrrhachium zu Stützpunkten für Heer und Flotte gemacht sowie seine gesamte Front von Salona (Split) im Norden bis Korkyra (Korfu) im Süden ausgedehnt.

Bei Antonius war dagegen Korkyra der nördliche Eckpfeiler, wobei er die natürlichen Gegebenheiten der griechischen Westküste nutzte. Südlich von Korkyra standen eine Reihe von großen und guten Hafenplätzen zur Verfügung, auf die er seine Flotte verteilte. Auf Korkyra selbst befanden sich Vorposten. Im daran anschließenden Golf von Ambrakia bei Actium, der vor allem an der Südseite zahlreiche Ankerplätze aufwies, lag der größte Teil seiner Flotte. Leukas, mit hervorragenden Hafenanlagen, war durch ein Geschwader gedeckt. In Patrae hatte Antonius sein Hauptquartier. Flottenkontingente in Methone und am Tainaron setzten die Kette von Patrae nach Süden fort. Weitere Stützpunkte befanden sich auf Kreta, und am Ende der Linie stand Pinarius Scarpus mit vier Legionen in Kyrene.

Antonius hatte diese gewaltigen Truppenmassen zusammengezogen, um einen Angriff auf Italien durchzuführen. Seine beiden Schwerpunkte bei Actium und Patrae ließen ihm die Entscheidung für ein Übersetzen nach Brundisium oder Tarent offen; so verstand es auch Octavian, der beide Häfen mit Truppen sichern ließ.

Schon sehr früh, offenbar zu Beginn des Jahres, ergriff dann allerdings Agrippa, der Feldherr Octavians, die Initiative, eröffnete die Auseinandersetzungen und kam so Antonius zuvor. Seine schnellen Kriegsschiffe, sogenannte *Liburner*, fingen Proviantschiffe aus dem Osten ab. Gleichzeitig überfiel er den Stützpunkt des Antonius in Methone, das er ihm abnahm. Sich allmählich nach Norden wendend, vertrieb er mehrere Vorposten des Antonius, zuletzt den aus Korkyra, wonach er sich unbehelligt zurückziehen konnte. Dies war vor allem eine Plünderungsfahrt gewesen, die allerdings den strategisch ungemein wichtigen Nebeneffekt hatte, daß sie Octavian das Übersetzen mit der Hauptflotte ermöglichte.

Octavian überquerte von Brundisium aus mit dem Hauptheer die Adria. Er konnte seine Fußtruppen von 80.000 Mann und die Reiterei mit 12.000 Pferden ungehindert an Land setzen. Die Truppen marschierten sofort in südöstlicher Richtung. Schon nach wenigen Tagen können Heer und Flotte sich in Toryne vor den weiteren Aktionen vereinigt haben. Es war der letzte gute Hafen vor der Einfahrt in den ambrakischen Meerbusen, ein Ort, der zudem günstige Verbindungen zum Hinterland hatte. Er lag nur 40 Kilometer von Actium entfernt.

Der in Patrae residierende Antonius erhielt die überraschende Meldung, daß Toryne vom Feind besetzt sei. Wir verstehen den Schrecken, der Antonius und seine Umgebung erfaßte, als sie die Nachricht erhielten (Plutarch, *Antonius* 62). Selbst wenn die Botschaft von dem schnellsten Schiff überbracht worden war, brauchte sie etwa einen Tag, ehe sie Antonius erreichte. Da die Einschiffung seines Gefolges und die Fahrt nach Actium beträchtlichen Zeitaufwand kostete, Kleopatra und ihre Frauen reisten mit, konnte er frühestens am Ende des dritten oder am vierten Tag bei seiner Flotte in Actium eintreffen, und dies war auch Octavian möglich.

Dennoch gelang Octavian der Überfall nicht. Antonius hatte zum Schutz seiner Flotte bei Actium an der nur etwa 700 m breiten Einfahrt in den ambrakischen Meerbusen auf beiden Seiten Festungen mit Wurfmaschinen eingerichtet, von denen aus seine Truppen die Durchfahrt beherrschen konnten. Die Einfahrt war ferner durch Wachschiffe geschützt. Angesichts dieser militärischen Sicherung wagte Octavian keinen Angriff. So traf Antonius seine Flotte zwar unversehrt an, als er Actium erreichte, doch an einen Angriff auf Italien war nun nicht mehr zu denken, es galt vielmehr zu überlegen, was noch

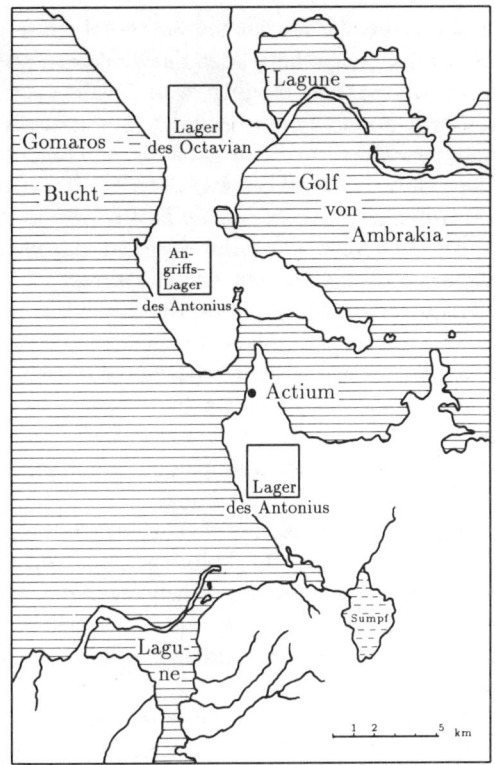

Abb. 6: Actium

militärisch zu erreichen war – denn, das hatte Antonius klar
erkannt, er steckte in einer Falle:

Die Meerenge, die den inneren Golf von Ambrakia mit der
offenen See verbindet, zieht sich zwischen zwei Halbinseln hin,
die von Süden und Norden vorspringen. Sie ist etwa 12 bis 13 km
lang. Auf der südlichen Halbinsel befanden sich das Hauptlager
des Antonius und die Stationen, an denen seine Flotte ankerte.
Zu diesen Flottenstationen gehörte der Hafen von Actium sel-
ber, an der Westseite der Halbinsel gelegen und mit einer starken
Flottenabteilung besetzt und zum Schutz gegen Überfälle durch
lange Mauern mit dem Lager verbunden (Abb. 6).

Octavian hatte auf der nördlichen Halbinsel ein festes Lager bezogen, als er eingesehen hatte, daß der direkte Angriff auf die Flotte des Antonius nicht möglich war. Dieses Lager befand sich „auf einem hohen Punkt, von wo aus man in gleicher Weise das äußere Meer um die Insel Paxos, den inneren ambrakischen Golf und die Einfahrt zwischen beiden überblicken konnte" (Cassius Dio 50, 12, 3). Die Flotte legte in der Bucht von Gomaros an. Auch Octavian verband das Flottenlager durch lange Mauern mit demjenigen des Heeres.

Die ungünstige Lage seines Flottenstützpunktes, der besonders gegen Südweststürme keinen genügenden Schutz bot, veranlaßte Octavian, seinem Gegner rasch zu Lande wie zu Wasser die Schlacht anzubieten. Antonius hatte sein Landheer aber noch nicht zusammengezogen und verstand es, Octavian über die tatsächliche Stärke seiner Truppen zu täuschen und hinzuhalten. Als er dann sein Landheer konzentriert hatte, ging er in die Offensive. Er überquerte mit seiner Armee die Meerenge und schlug etwa eine halbe Wegstunde südlich von Octavians Stützpunkt auf einer der dort gelegenen niedrigen Bodenerhebungen ein provisorisches Lager auf. Die beiden Truppen trennte ein Gebiet, das an der schmalsten Stelle etwa zweieinhalb Kilometer breit war.

Damit hatte Antonius das Landheer aus einer bedrohlichen Situation herausgeführt und bot seinerseits die Schlacht an, an der nun allerdings Octavian kein Interesse mehr hatte, so daß sich Antonius wieder in sein festes Lager zurückzog. Denn ein weiterer Seesieg Agrippas hatte Octavian endgültig die Überlegenheit der Flotte gesichert. Gleichsam unter den Augen des Antonius hatte Agrippa die bei Leukas liegende Schiffsabteilung besiegt und die Stadt genommen. Ein kaum zu überschätzender Erfolg, denn mit Leukas war Antonius vor allem der natürliche Stapelplatz für die Versorgung von See her genommen. Nun stand Octavian ein brauchbarer Hafen für seine Flotte zur Verfügung, und die Blockade der Schiffe des Antonius war vollständig. Von Norden und Süden in die Zange genommen, konnten dessen Schiffe die Enge von Actium weder ungesehen noch gar ungestört verlassen.

Ein Geschwader von Wachschiffen kontrollierte die Einfahrt ständig.

Nach dem Erfolg von Leukas eroberte Agrippa weitere Häfen; in Patrae nahm er das alte Hauptquartier des Antonius ein. Schließlich überfiel er Korinth, wodurch Antonius auch die Versorgungsmöglichkeiten über den Golf von Korinth abgeschnitten waren. Für die Schwierigkeiten, die sich aus dieser Lage ergaben, bietet Plutarch einen anschaulichen Bericht (*Antonius* 68). In seiner Vaterstadt Chaironeia wurden damals die Bürger unter Peitschenhieben gezwungen, ihr Getreide den weiteren Weg über das Gebirge zu tragen und eben nicht nach dem viel näher gelegenen Golf von Korinth. Der Proviant mußte von dort auf dem beschwerlichen Weg über Land nach Actium transportiert werden, weil der korinthische Golf durch die Schiffe des Agrippa gesperrt war.

In dieser Zeit erfolgte ein Versuch des Antonius, sich aus dieser lästigen Umklammerung zu befreien. Im Schutz dichter Morgennebel, die schon immer eine vollständige Bewachung der Schiffahrt erschwert hatten, brach einer seiner Feldherren, Sosius, aus der Bucht von Actium hervor und griff mit großer Übermacht die Beobachtungsflotte des Octavian an. Er konnte sie zwar in die Flucht schlagen, aber nicht vernichten. Der anfängliche Sieg zerrann, als Agrippa mit seinen Schiffen in das Geschehen eingriff und Sosius sich unter großen Verlusten zurückziehen mußte. Es war dies zweifellos ein psychologisch wichtiger Vorgang. Das einzige Unternehmen des Antonius, das die Lethargie vieler Monate beenden sollte, war fehlgeschlagen. Dieser Mißerfolg mußte zudem das Vertrauen in die Flotte erschüttern.

Was lag näher als der Versuch, die festgefahrene Situation auf dem Land zu ändern? Antonius schickte seine Reiterei um den ambrakischen Golf herum und versuchte, mit ihrer Hilfe Octavians Lager von Norden zu beobachten und dessen Versorgung soweit wie möglich zu behindern. Die Reiterei des Antonius agierte allerdings ebenso unglücklich wie die Flotte. Bei einem großen Gefecht erlitt sie vor den Toren des octavianischen Lagers eine Niederlage. Ungleich schwerer wogen allerdings die Desertionen, vor allem bei der Reiterei. Deiotaros Philadelphos von Paphlagonien, der Thraker Rhoimetalkes und andere fielen ab. Neue Hoffnung schöpfte Antonius, als er von einer Expedition ins Innere Griechenlands zurückkehrte und Amyntas samt 2.000 Reitern mitbrachte. Deren Ankunft wollte er ausnutzen, um seiner Truppe neues Selbstbewußtsein zu geben. Doch Antonius unterlag, und Amyntas ging wie viele andere mit seinen Reitern zu Octavian über. Damit war die Reiterei Octavians etwa doppelt so stark wie die des Antonius. Antonius' Plan, die Proviantlieferungen an die Truppen Octavians zu stören, war gescheitert, im Gegenzug wurde es für Antonius selbst immer schwieriger, seine Soldaten zu versorgen. Die Versorgung geriet dadurch immer mehr zum Problem, daß beide Kontrahenten sich die Kontrolle über Griechenland und Makedonien streitig machten. Jeder Erfolg der einen oder anderen Seite gegenüber einer griechischen oder makedonischen Stadt schwächte die Proviantierungsmöglichkeiten der anderen.

Der Blockadekrieg schleppte sich auf diese Weise in zermürbender Eintönigkeit mehrere Monate hin. Aber ein Ergebnis zeigte er mit aller Deutlichkeit: Im Hinblick auf die Flotte, auf die Reiterei und das gesamte Proviantierungswesen neigte sich die Waagschale immer mehr zugunsten Octavians. Entsprechend verschlechterte sich die Stimmung im Lager des Antonius; alte, nur mühsam überdeckte Kontroversen brachen wieder auf. Nur unterdrückt, aber nie völlig überwunden, war etwa der Gegensatz zwischen jenen, die zusammen mit Kleopatra kämpfen wollten, und jenen, die den Krieg gegen Octavian als eine rein römische Angelegenheit betrachteten. Die zahlreichen Desertionen aus dem Lager des Antonius sind teilweise auch auf differierende Ansichten in persönlichen und sachlichen Fragen zurückzuführen. Jeder Überläufer steigerte indessen das Mißtrauen des Feldherrn. Ein regelrechtes Überwachungssystem, das Antonius in seinem Lager einführte, verschärfte das ohnehin belastete Klima und provozierte weitere Absetzungsbewegungen.

Es war ein herber Schlag für Antonius, als Domitius Ahenobarbus die Fronten wechselte und zu Octavian überging. Er galt als ein Mann, dessen Loyalität verbürgt war, wenn er die Sache des anderen mittragen konnte. Jetzt glaubte er, Antonius nicht länger folgen zu können, weil dieser sein Schicksal endgültig mit demjenigen Kleopatras verknüpft hatte – und es gab viele, die fühlten und dachten wie er. In den Planungen für die endgültige Auseinandersetzung war auch die Bindung des Antonius an Kleopatra unverbrüchlich geworden; da erst verließen ihn die traditionsbewußten Römer scharenweise. Daß dies alles auch zu Spannungen zwischen Antonius und Kleopatra führte, ist zumindest möglich, wenn nicht wahrscheinlich.

Die Desertionen waren allerdings nicht nur ein Phänomen im Offizierscorps. Auch die Soldaten des Landheeres und manche Angehörige der Flottenmannschaften folgten ihren Vorgesetzten und wechselten im Wortsinn die Lager. Sie flohen dabei nicht allein einen Feldherrn, an dessen Erfolg sie nicht mehr glauben mochten, sondern tauschten auch die ungesunden und ungünstigen Lagerplätze des Antonius mit den besser gelegenen Octavians. Zu den Desertionen kamen der Hunger und die Malaria erschwerend hinzu, und noch standen mit dem August und dem September die zwei ungesundesten Monate in diesen Gegenden bevor. Antonius mußte etwas unternehmen, es drohte sonst, daß Heer und Flotte in der Umklammerung des Gegners zugrunde gingen.

In dieser Situation tagte im Lager des Antonius der Kriegsrat. Bei den Überlegungen darüber, was zu tun sei, entfiel eine Möglichkeit von vornherein: Es war klar geworden, daß Octavian eine Landschlacht nicht annahm. Die römische Taktik kannte kein Mittel, einen Gegner, der sich auf sein Lager stützte, zu einer solchen Schlacht zu zwingen. So verblieben zwei Pläne, die vorgetragen und diskutiert wurden. Kleopatra riet dazu, einen Kampf zur See zu wagen. Dagegen schlug Canidius Crassus vor, ohne Schlacht die gesamte Stellung von Actium aufzugeben und an einem anderen Ort eine Entscheidungsschlacht unter günstigeren Umständen zu suchen.

Dieser Plan bedeutete, die Flotte preiszugeben, an der man jahrelang gebaut hatte und die bisher für alle Planung eines Angriffskrieges gegen Italien unentbehrlich erschienen war, und damit für lange Zeit auf die Beherrschung der See zu verzichten. Die Flotte zu opfern, ohne wenigstens den Versuch einer Rettung zu wagen: Daran mochte Antonius doch noch nicht denken, zumal dieser Ausweg auch nach einer verlorenen Seeschlacht noch blieb. Schließlich hätte Octavian, hatte Antonius die Flotte erst einmal eingebüßt, dessen Heer von der Lebensmittelzufuhr noch wirkungsvoller abschneiden können und wahrscheinlich nach und nach alle Küsten erobert. Gleichgültig wie man das Verhältnis des Antonius zu Kleopatra einschätzt, auch aus militärischen Überlegungen bot eine Seeschlacht und damit zumindest der Versuch, Teile der Flotte aus der Falle zu retten, eine gute Aussicht.

Bevor der Plan einer Flottenschlacht in die Tat umgesetzt werden konnte, galt es, Bilanz zu ziehen. Es waren gerade noch 230 Schiffe, die Antonius überhaupt bemannen konnte, und nur 170 führte er letztlich in die Schlacht. Sie waren geblieben von einer Armada, die zu Beginn des Feldzuges noch 500 Schiffe betragen haben soll. Allerdings war bei Actium nicht die gesamte Flotte des Antonius, sondern nur ihr größter Teil stationiert gewesen. Auch Octavian hatte etwa ein Drittel seines Schiffskontingents zum Schutz Italiens zurückgelassen. Keiner von beiden hatte ,Alles oder Nichts' gespielt.

Diesen Schiffen des Antonius, zu denen noch 60 ägyptische kamen, die allerdings nicht für den eigentlichen Kampf bestimmt waren, stand eine doppelte bis dreifache Übermacht entgegen. Allein das Geschwader, mit dem Octavian von Brundisium aufgebrochen war, hatte 230 Schiffe umfaßt, dazu war dann noch die Flotte des Agrippa gestoßen. Die Schiffe des Octavian waren zwar weitaus kleiner als die des Antonius, dennoch konnte er mehr Soldaten einschiffen. Antonius brachte 20.000 Fußsoldaten und 2.000 Bogenschützen auf seiner Flotte unter, wie Plutarch schreibt (*Antonius* 64), Octavian wohl ungefähr die doppelte Anzahl.

Wir dürfen annehmen, daß die Kräfteverhältnisse beiden Seiten in etwa bekannt waren. Es kann daher für Antonius gar nicht darum gegangen sein, seinen Gegner zu schlagen und zu vernichten. Antonius konnte praktisch nur hoffen, die Blockade des Octavian mit Gewalt zu sprengen und so die hohe See zu gewinnen. Gleichzeitig mußte das Landheer seine Stellungen bei Actium verlassen, um sich in Sicherheit zu bringen.

Genau dieses Konzept beschreibt Cassius Dio, der beste Gewährsmann für die Schlacht bei Actium, als den Plan der Kleopatra (50, 15, 1): „Kleopatras Ansicht, nur die festesten Punkte durch Besatzungen zu schützen und mit dem übrigen Heer nach Ägypten zu gehen, wurde im Kriegsrat angenommen. Sie wollten aber nicht heimlich oder in offener Flucht fortsegeln, sondern zur Seeschlacht gerüstet, um, wenn Widerstand geleistet würde, die Abfahrt zu erzwingen." Die Flotte sollte also nach Ägypten segeln. Wie sehr ein zwar geistreicher, aber völlig unpassender Vergleich die Sache verdrehen kann, zeigt Plutarch (*Antonius* 90), wenn er den Vorgang mit der Flucht des Paris in den Schoß der Helena in Zusammenhang bringt.

Antonius ließ alle Schiffe verbrennen, die er nicht ausreichend bemannen konnte; sie waren für den Augenblick unbrauchbar, und wenn der Plan des Antonius gelang, konnte man sie auch später nicht mehr verwenden, da man mit der Flotte nach Ägypten durchbrechen wollte. Gegen alles Herkommen antiker Seeschlachttechnik, aber für den Plan notwendig, war die Mitnahme der Großsegel in die Schlacht. Sie waren bei allen Manövrierbewegungen hinderlich und belasteten die ohnehin überschweren Schiffe des Antonius weiter, aber man brauchte diese Segel, um nach Sprengung der Blockade über die hohe See zu gelangen. Gerade die Mitnahme der Großsegel mußte gegenüber den Soldaten begründet werden, weil diese den eigentlichen Plan ja nicht kennen durften. Antonius gab an, die Segel sollten mitgenommen werden, damit nach dem Sieg kein feindliches Schiff entkommen könne. Ein schwaches Argument, von dem wir nicht wissen, wie sehr es überzeugte. Alle Wertsachen, die sich im Lager befanden, ließ Antonius auf die Schiffe bringen. Mit den kostbaren Gegenständen der Hofhaltung, der Kasse und dem Hofstaat sollte Kleopatra mit ihren 60 Schiffen hinter der Schlachtlinie Aufstellung nehmen.

Das Landheer vertraute Antonius Canidius Crassus an, der ein ebenso ergebener Schützling der Kleopatra wie ein unversöhnlicher Feind Octavians war. Er hatte Befehl, mit dem Auslaufen der Schiffe abzurücken. Als Octavian am Morgen des Tages nach der Seeschlacht in das Lager des Antonius einfiel, war es bereits leer. Crassus war schon in Richtung Makedonien abmarschiert.

Wie im Lager des Antonius und der Kleopatra, so fand auch auf der Gegenseite eine Beratung über zwei unterschiedliche Pläne statt. Der eine bestand darin, die feindliche Flotte ohne Behinderung aussegeln zu lassen. Damit wäre dokumentiert gewesen, daß Antonius keine Seeschlacht gewagt habe. Dann war aller Welt klar, daß sein Rückzug eine Flucht war, ein moralischer Erfolg, der möglicherweise sehr viel einbringen konnte, nicht zuletzt beim Landheer von Actium. Die Flotte hätte eventuell bei ihrer Flucht eingeholt und erobert werden können.

Aber Agrippa widersprach: Wer garantierte, daß man die Flotte einholte? Bei günstigem Wind konnte sie einen Vorsprung gewinnen, der eben nicht mehr wettzumachen war. Wenn beide Flotten Segel setzten, dann konnten die schweren Schiffe des Antonius ebenso schnell fahren wie die leichten des Octavian, und an ein Einholen wäre dann nicht mehr zu denken gewesen. Antonius, so wandte Agrippa ein, habe in Kyrene und Ägypten noch beträchtliche Truppenkontingente. Würde er sich mit der gesamten Flotte, mit der Kriegskasse, mit 22.000 Mann ausgesuchter Soldaten und vielleicht sogar noch dem Kern des Landheeres von Actium wieder in Ägypten versammeln, so konnten die Folgen unabsehbar sein. Möglicherweise mußte man wieder von vorn beginnen. Denn ob das Landheer bei Actium sich ergab, war nicht sicher. Agrippa warnte davor, das bei Actium Gewonnene aufs Spiel zu setzen, und empfahl, Antonius und Kleopatra an dem Ausbruch zu hindern.

Octavian ließ sich überzeugen, alles zum Kampf vorbereiten und übertrug Agrippa das Kommando für die Schlacht. Die Entscheidung sollte bei Actium fallen. Doch ein furchtbarer Sturm verschob sie noch einmal um vier Tage.

# 15. Der 2. September 31: Der Tag von Actium

Die Art und Ausrüstung der Schiffe bestimmten die jeweilige Kampftaktik. Antonius besaß überwiegend große Schlachtschiffe, wahre Kolosse. Sie waren schon an sich sehr schwer zu steuern, dazu nicht einmal mit vollen Rudermannschaften ausgestattet und daher denen Octavians an Manövrierfähigkeit unterlegen. Antonius konnte folglich nicht hoffen, mit Rammstößen die feindlichen Schiffe untauglich zu machen. Der Gegner konnte allzu leicht durch geschickte Wendungen ausweichen. Die Stärke der Schiffe des Antonius lag vielmehr in der Artillerie und den Besatzungsmannschaften. Daher waren große Steine und Schleudergeschosse zum Einsatz vorbereitet. Der Vorteil, den die weit höheren Schiffsborde an sich schon gewährten, war durch den Bau von Türmen auf den Verdecken verstärkt worden. Mit einem Hagel von Geschossen, so die Taktik des Antonius, wollte man den Gegner überschütten. Sollte er sich dennoch nähern können, wollte man ihn festhalten und sein Schiff entern.

Umgekehrt lag für Agrippa der Vorteil in der Beweglichkeit der Schiffe. Er mußte versuchen, im Vorbeifahren dem Gegner die Ruder zu zerstören, die Steuer zu zerbrechen oder das Schiff durch einen Stoß in die Flanke zu beschädigen. Agrippas Schiffe durften sich nicht fassen und halten lassen, sonst waren sie verloren.

Wie bei vielen Landschlachten galt es auch für diese Seeschlacht bei Actium, ein günstiges ,Gelände' für die jeweilige Kampftaktik zu finden. Antonius wußte, daß seichtes Fahrwasser die Schiffe des Agrippa der Manövrierfähigkeit berauben und damit den Kampf in einen stehenden verwandeln würde. Die Überlegenheit der Artillerie konnte folglich zur Geltung kommen. Weites tiefes Meer würde die umgekehrte Wirkung haben. Unter diesen taktischen Vorgaben begann schließlich die letzte große Seeschlacht der Antike (Abb. 6; S. 87).

Seinem Konzept entsprechend nahm Antonius am Eingang des Golfs Aufstellung. In dicht gedrängter langer Reihe erwartete er den Angriff des Gegners. Die enge Aufstellung und das flache Wasser bewahrten die Schiffe davor, daß der Gegner die Ruder streifen und zerstören konnte. Wenn die Geschütze dem Gegner genügend geschadet hätten, dann wollte Antonius hervorbrechen und mit günstigem Wind die hohe See gewinnen. Um die Mittagszeit konnte man im allgemeinen mit einem solchen Wind rechnen, der die Schiffe nach Süden trieb. Wohl aus diesem Grunde behielt Antonius sich den nördlichen Flügel seiner Aufstellung persönlich vor. Würde er mit diesem zuerst zum Angriff vorgehen, ergab sich automatisch eine Schwenkung der Front nach Süden, eben in die gewünschte Richtung, und man hatte die zu erwartende Seebrise im Rücken. Diese Überlegungen basierten auf Voraussetzungen, die sich nicht erfüllten:

Zunächst spielte Agrippa seinen vorgesehenen Part nicht. Er dachte gar nicht daran anzugreifen. Schließlich hatte er die Schlacht nicht nötig; und auch der Wind wehte nicht wie erwartet. Er trieb den linken, den südlichen Flügel des Antonius voran. Damit drehte sich die Front nach Norden, statt, wie von Antonius geplant, nach Süden. Sofort nahm Octavian, der diesem Flügel gegenüberstand, seine Schiffe noch mehr zurück und lockte die Gegner weiter von der Küste fort in das für ihn günstigere tiefe Fahrwasser. Um die Verbindung seiner Flotte nicht abreißen zu lassen, mußte auch Antonius vorrücken, und ihm gegenüber handelte Agrippa wie Octavian. Die Taktik des Antonius war im Wortsinn vom Winde verweht.

Möglicherweise deuteten die Schiffskommandeure des Antonius die Flottenbewegungen der Gegenseite als Flucht, denn sie drängten nach. Doch als Octavian im Süden und Agrippa im Norden das tiefere Wasser erreicht hatten, wo sie die Überlegenheit ihrer Schiffe ausspielen konnten, stoppten sie, wendeten und dehnten ihre Schiffslinie weiter nach rechts und links aus. Durch ihre numerische Überlegenheit waren sie in der Lage, einen derart weiten Bogen zu bilden, daß die Schiffe des Antonius dem nichts entgegenzusetzen hatten. Dessen Schiffslinie lockerte sich immer mehr und riß schließlich in der Mitte auseinander. Damit war die Taktik des Antonius gescheitert,

Agrippa bestimmte das Geschehen und hatte alle Vorteile auf seiner Seite.

Von der folgenden Phase der Schlacht zeichnet wiederum Cassius Dio ein erhellendes Bild (50, 32, 1–8). Die schnellen Schiffe Agrippas umschwärmten zu mehreren die nunmehr vereinzelten Gegner. Mit hoher Geschwindigkeit fuhren sie auf die Schiffe des Antonius zu, um sich den Geschossen nur so kurze Zeit wie möglich auszusetzen. Ehe sie zu fassen waren, drehten sie im Nu ab. Dennoch richteten sie am Ruder- und Steuerwerk oder am Rumpf des Gegners erheblichen Schaden an. Nachdem sie auf diese Weise eine Anzahl von Großschiffen bewegungsunfähig gemacht hatten, vereinigten sie sich ungestört in Gruppen von drei bis vier Schiffen und griffen die einzelnen Riesen nacheinander im Nahkampf an, um sie zu erobern. Feuer und Wind trugen schließlich zur Zerstörung der Schiffe des Antonius bei.

Wie auf einem großen Tableau rollte dies alles vor den Augen der Kleopatra ab, die mit ihren 60 Schiffen und ihren Schätzen hinter der Schlachtreihe des Antonius lag. Bereits das unplanmäßige Vorrücken des südlichen Flügels dürfte sie mit ihrem Stab überrascht haben. Nach dem Scheitern des taktischen Konzeptes konnte sie nun die Niederlage des Antonius beobachten, die sich mit jedem brennenden Schiff immer deutlicher abzeichnete. Sie selbst war nun ohne den vorgesehenen Schutz und würde früher oder später dem Angriff der Gegner preisgegeben sein. In dieser Situation galt es eine Entscheidung zu treffen, und Kleopatra handelte. Sie setzte ihren Teil des Planes um und brach mit ihrem Geschwader durch Freund und Feind. Nun zögerte auch Antonius nicht. Er gab sein Admiralsschiff preis, das vielleicht zu sehr von Feinden bedrängt oder zu beschädigt war, bestieg ein kleineres Boot, und kam ebenfalls glücklich durch die gegnerischen Reihen. Wer konnte, folgte ihm. Man warf die Türme, die Maschinen, die schweren Lasten von Bord, um die Schiffe zu erleichtern, und hißte die Segel, um den Wind zu nutzen. Viele werden in dem Durcheinander das Abrücken des Admirals zunächst gar nicht bemerkt haben. Schließlich war die Schlacht jedoch entschieden: Agrippa und Octavian waren die Sieger von Actium.

# 16. Das Rätsel des Todes

Zwar war Antonius bei Actium entkommen, hatte immerhin ein Viertel seiner Flotte retten können, hatte weitere Kontingente zu seiner Verfügung und besaß das, was er zur Fortsetzung des Krieges am notwendigsten brauchte, die Kriegskasse. Dennoch war die Niederlage verheerend. Das Landheer von Actium ergab sich auf dem Marsch nach Makedonien bereits sieben Tage nach der Schlacht. Octavian bot den Truppen des Antonius nach der Kapitulation in derselben Weise ihren Abschied wie seinen eigenen und sicherte ihnen Grundstücke in Italien zu. Was wollten die Soldaten mehr?

So wie die spätere Propaganda der Sieger die Auseinandersetzung bei Actium auf einen Tag und eine Schlacht reduzierte, verdichtete sie den folgenden Krieg auf einen Feldzug. Stattdessen handelte es sich um einen sukzessiven Zusammenbruch des Herrschaftsgebietes des Antonius, der von Actium zunächst nach Paraitonium, einer Grenzfestung zwischen Kyrene und Ägypten, gesegelt und von dort zu seinen Legionen in der Kyrenaika geeilt war.

Das Heer von Kyrene unter Pinarius Scarpus lehnte es ab, von Antonius nach Ägypten geführt zu werden. Jetzt erst gab er sich verloren. Sein erster Selbstmordversuch, den Freunde vereitelten, fiel nicht auf den Tag von Actium, sondern fand nach dem Abfall des Pinarius Scarpus statt. Trotzdem raffte sich Antonius noch einmal auf. Er konnte aber nicht verhindern, daß nach und nach seine Statthalter oder Vasallenkönige zu Octavian überliefen. Herodes, der nun gleichfalls von Antonius abfiel, hinderte dessen Truppen in Syrien daran, zu ihm zu stoßen.

Das auf die Schlacht von Actium folgende Jahr zeigt, welch hohe Meinung Octavian und Agrippa noch von der Tatkraft, von der Widerstandsfähigkeit und den Möglichkeiten der Flüchtlinge von Actium hatten. Fast ein Jahr verging nämlich mit den Vorbereitungen des Octavian, ehe er es wagte, den Boden Ägyptens, das Land der Kleopatra, zu betreten, wo sich noch immer der größte Teil der Reservearmee des Antonius befand.

Kleopatra war im Gegensatz zu Antonius bemüht gewesen, von Actium aus so rasch wie möglich Ägypten zu erreichen, bevor die Nachricht ihrer Niederlage in Alexandria möglicherweise einen Aufstand provozierte. Daher liefen ihre Schiffe auch bekränzt wie nach einem Sieg in den Hafen ein, und Flötenmusik sowie Gesang gaben vor, man feiere einen Erfolg.

Nach der Rückkehr begann Kleopatra, verschiedene Tempelvermögen einzuziehen, um weitere Mittel für den Widerstand gegen Octavian zu sammeln. Im Arabischen Golf ließ sie eine zweite Flotte bauen, von der man behauptete, sie solle die Königin mit ihren Schätzen in Sicherheit bringen. Quintus Didius, der Statthalter von Syrien, ließ die Boote verbrennen, als er zu Octavian überging. Die Bevölkerung Alexandrias erlebte im Winter 31 auf 30 nochmals ein großes Fest, als der Sohn des Antonius, Antonius, den man auch Antyllus nannte, und Kleopatras Sohn Kaisar für volljährig erklärt wurden. Kaisar wurde als Bürger der Stadt Alexandria eingeschrieben, Antyllus erhielt als römischer Bürger die *toga virilis,* die Männertoga. Möglicherweise deuten sich in dieser Volljährigkeitserklärung erste Überlegungen der Kleopatra zur Regelung ihrer Nachfolge an.

Die Überlieferung weiß für diese Zeit auch von Botschaften zu berichten, die Antonius und Kleopatra jeder für sich an Octavian sandten. Antonius soll darum gebeten haben, als Privatmann in Alexandria oder Athen leben zu dürfen. Als ob der ehemalige Herr der halben Welt je wieder Privatmann hätte werden können!

Kleopatra sandte hingegen ihre Herrschaftsinsignien und bat darum, daß ihre Kinder in Ägypten herrschen dürften. Die Kontinuität der Ptolemäerherrschaft sichern: Das war bereits das zentrale Thema der Politik ihres Vaters gewesen, welches sie seit frühester Jugend kennengelernt hatte. Diesem Ziel hatte Auletes viel Zeit und Geld gewidmet, und es hatte auch Kleopatras Handeln während ihrer Zeit mit Caesar und Antonius bestimmt. Sie konnte und wollte wohl nicht einsehen, wie unsinnig ihr Anliegen war, wenn sie dabei an ihren Sohn mit Caesar gedacht haben sollte. Für Octavian war Kleopatra immerhin eine Überlegung wert, denn die Königin war im Wortsinn wertvoll. Dabei ging es keineswegs vordergründig darum, sie eventuell im Triumphzug vorzuführen, sondern um die Schätze, die sie gehortet hatte und die Octavian dringend benötigte; denn er brauchte Geld für die Versorgung der Veteranen, seiner eigenen und derjenigen des Antonius, und zur Konsolidierung Italiens. Kleopatra hatte sich neben dem Isistempel ein großes Grabmonument bauen lassen, in dem Gold, Silber, Edelsteine, Perlen, Elfenbein, Ebenholz, wertvolle wohlriechende Gewürze, allerdings auch eine Menge Zunder und Werg lagerten.

Im Sommer des Jahres 30 konnte Octavian die syrisch-palästinensische Küste in seinen Besitz bringen, ohne auf Widerstand zu treffen, auch Pelusion war leicht zu nehmen. Zwar errang Antonius bei einem Reiterscharmützel nochmals einen Sieg und zeichnete zusammen mit Kleopatra den erfolgreichsten Soldaten mit goldenem Brustpanzer und Helm aus; es war aber symptomatisch für seine Lage, daß dieser Soldat sogleich in das Lager des Octavian wechselte. Es handelt sich bei dieser Erzählung wohl um einen dichterischen Zug, mit dem Plutarch die hoffnungslose Lage des Antonius hervorheben wollte (*Antonius* 74). Als wenige Tage später die Flotte zu Octavian überlief, tat ihr dies die Reiterei nach.

Am 1. August eroberte Octavian Alexandria. Am selben Tag starb Antonius. Die Propaganda des Siegers wurde nicht müde zu wiederholen, wie schimpflich Antonius bei Actium seine Soldaten im Stich gelassen hatte. Durch Selbstmord entzog er sich schließlich der letzten Verantwortung. Selbst der wohl unfähigste römische Verlierer aller Zeiten, C. Flaminius, der 217 v. Chr. am Trasimenischen See gefallen war, wurde höher eingeschätzt, da sein ‚Opfertod‘ in der Schlacht nachträglich eine Glorie um ihn wob.

Octavian gestattete Kleopatra, das Begräbnis für Antonius zu arrangieren, das mit großem Pomp, vielleicht am 2. oder 3. August, begangen wurde. Anschließend versuchte Kleopatra, durch Hungertod ihr Leben zu beenden, was sie aber schnell aufgab, als Octavian Repressalien gegen ihre Kinder androhte. Um den 8. August kam es dann zu einer Unterredung mit dem Eroberer von Alexandria.

Wie so häufig in den Darstellungen antiker Historiker gibt es auch über dieses Zusammentreffen unterschiedliche Berichte, zwischen denen nicht zu vermitteln ist. Bei Cassius Dio tritt Kleopatra gegenüber Octavian wie bei der ersten Begegnung mit Caesar oder Antonius auf: schön und lasziv. Sie bringt Briefe Caesars an sie mit, fällt vor Octavian auf die Knie und setzt auf ihre erotische Ausstrahlung, „doch ihre Schönheit war schwächer als die Keuschheit des Octavian" (Florus 2, 21, 9). Bei Plutarch dagegen erscheint eine verheulte Frau im Unterkleid, das Gesicht und die Brüste zerkratzt von der Trauer um Antonius (*Antonius* 83). Sie ist nervlich zusammengebrochen, und sie will alleine sein, um sterben zu können.

Am nächsten Tag erfuhr Kleopatra von Cornelius Dolabella, daß Octavian entschlossen war, sie mit zum Triumph nach Rom zu nehmen. Das Schicksal, das ihre Schwester Arsinoë unter Caesar ereilt hatte, wollte sie nicht teilen. Daraufhin erbat sie von Octavian die Erlaubnis, sich noch einmal zum Grab des Antonius begeben zu dürfen. Die Bitte wurde ihr gewährt, und sie suchte um den 10. August das Grab ihres Geliebten auf, wo sie dann Selbstmord beging. Plutarch überliefert ihr letztes Gebet (*Antonius* 84), dessen abschließende Worte Antonius galten. Sie legen Zeugnis ab von der großen Liebe einer Frau – oder von dem tragischen Stil, zu dem Plutarch fähig war: „Von all meinen tausend Seufzern ist keiner so bitter und so groß wie die kurze Zeitspanne, die ich ohne dich lebte."

In Papyrusrollen, die beim Vesuvausbruch des Jahres 79 nach Christi Geburt in Herculaneum im Schlamm konserviert wurden, entdeckte man Fragmente eines Epos ,Über den Ägyptischen Krieg'. Der uns unbekannte Verfasser läßt Kleopatra mitten auf dem Markt von Alexandria an Verbrechern unterschiedliche Todesarten erproben. Dem antiken Leser werden dabei die Qualen der Opfer in allen Details ausgemalt. Doch derartiger Experimente und eines solchen Szenarios bedurfte

Kleopatra nicht, was nicht heißt, daß sie ihre eigene Geschichte nicht noch im Tod selbst inszenierte. Zumindest dann nicht, wenn wir in den Verästelungen der Geheimnisse um ihren Tod, wie Benutzung eines Giftpflasters oder vergifteter Nadeln, derjenigen Variante den Vorzug geben, die in der Antike unbedingte Priorität und Popularität genoß: Selbstmord durch Schlangenbiß. Dabei ging es allerdings nicht darum, daß sie durch diesen Tod Unsterblichkeit gewann. Sie war bereits zu Lebzeiten mehrfache Gottheit: Als Königin war sie Tochter des Re, sie war eine neue Isis und wurde ferner als Aphrodite verehrt. Als Tochter des Re erlangte sie bei ihrem Tod auf jeden Fall die Vereinigung mit diesem Gott, welchen Tod sie auch starb. Aber sie beendete ihr Leben in einer Weise, die einer ägyptischen Königin gemäß war.

Bei der Tötung durch den Biß einer Schlange handelte es sich um eine Art rituellen Selbstmords. Die Uräusschlange galt als dem Sonnengott Amon Re heilig; sie war das distinktive Emblem des Pharao, das sich am königlichen Diadem erhob. Die Schlange war ein Instrument des Todes, das die Feinde des Pharao bedrohte und den Herrscher gleichzeitig unter den besonderen Schutz seines göttlichen Vaters Re stellte.

Die eben erwähnte literarische Verästelung der Geheimnisse um ihren Tod bietet für den Schlangentod weitere interessante Gabelungen: Wie viele Schlangen töteten die ägyptische Königin? Die frühesten römischen Zeugen deuten an, daß Kleopatra sich mehrere Schlangen, wenigstens zwei, ansetzte; später spricht die Überlieferung nur noch von einer Schlange, wenn sie diese Art des Selbstmords darstellt. Und noch ein weiterer, allerdings neuzeitlicher Weg in diesem Labyrinth der Vermutungen sei erwähnt. Nach antiker Überlieferung starb Kleopatra durch einen Biß in den Arm. Der späteren Rezeption, vor allem der Malerei, erschien der Biß in die Brüste, wie bei dem Bild von Makart zu sehen (S. 112), als wirkungsvollere Darstellung.

Man fand Kleopatra in ihren königlichen Gewändern, womit vermutlich das Gewand der Isis gemeint ist. Octavian glaubte offenbar an den Tod durch Schlangenbiß oder wollte, daß man dies glaubte. Cassius Dio berichtet, daß Octavian versuchte, sie wiederzubeleben (51, 14, 3–4): Er ließ Medizinmänner herbeirufen, die berühmt für ihre Fähigkeit waren, das Gift aus Bißwunden zu saugen; ihre Hilfe kam jedoch zu spät. So wurde im Triumphzug des nächsten Jahres in Rom ein Bild der Kleopatra mit Schlangen um den Arm vorgeführt.

Es war Kleopatras Leibarzt Olympos, der später die Umstände ihres Todes publizierte, und auf ihn gehen wohl die Berichte zurück, die wir heute besitzen. Ob er die Wahrheit überlieferte, sich mit seiner Geschichte interessant machen oder den Römern gefallen wollte, wird sein Geheimnis bleiben. Doch trotz manch plausibler Erklärung behält ihr Tod genügend Mysterium, um auch in Zukunft die Phantasie der Menschen zu beflügeln.

Weniger rätselhaft war das Schicksal der Kinder Kleopatras. Ptolemaios Kaisar, inzwischen siebzehnjährig, amtierender König, war mit seinem Erzieher von Kleopatra an das Rote Meer geschickt worden. Octavian ließ ihn wieder nach Alexandria holen und sofort ermorden. Nun hatte er die Gewißheit, der einzige ‚Sohn' Caesars zu sein.

Kleopatras Kinder mit Antonius gab Octavian in die Obhut seiner Schwester, der ehemaligen Gattin des Antonius, die sie aufzog. Über das Schicksal der beiden Brüder der Kleopatra Selene verlautet nichts. Sie selbst wurde die Gattin des Numidischen Prinzen Juba. Die Römer machten ihn zum König von Mauretanien, als dort der Thron im Jahre 25 vakant wurde. Bis etwa zur Zeitenwende gab es also am westlichen Ende Afrikas eine Königin Kleopatra.

Erst nach der Eroberung Alexandrias und dem Tod der Kleopatra war der Sieg Octavians vollständig. Wie hoch die Römer den Erfolg über Kleopatra bewerteten, zeigt die Tatsache, daß man jenen Monat, in dem Octavian Kleopatra durch die Eroberung Alexandrias besiegt hatte, den Monat Sextilis, in August umbenannte.

# 17. Nunc est bibendum – Der Triumph der Römer

Erst nach dem Tod Kleopatras stimmte Horaz sein Triumph-
lied an: *Nunc est bibendum*. Nun laßt uns trinken!

Nun laßt uns trinken! Nun mit freiem Fuß
den Boden stampfen! Nun zu saliarischen Dankesmählern
zu schmücken den Polstersitz der Götter
ist es Zeit, ihr Freunde!

5 Bis jetzt war es Frevel, den edlen Cäcuberwein (Italiens)
aus der Vorfahren Keller zu holen, solange noch dem Capitol
die wahnsinnige Königin Untergang
und Vernichtung dem Reich drohte.

Sie selbst im Bunde mit einer Herde verschnittener
10 kranker Männer, maßlos, alles
zu hoffen, und süßen Glücks
trunken! Aber es verringerte ihren Wahn,

daß kaum ein einziges Schiff den Flammen entkam.
Und den vom mareotischen (ägyptischen) Wein betäubten
Sinn
15 versetzte in offene Furcht
Caesar (Octavian), der die von Italien Fliehende

mit Rudern verfolgte – wie der Falke
die zarten Tauben oder der schnelle Jäger
den Hasen auf dem Schneefeld
20 Haemoniens (Thessaliens) –, daß er in Ketten lege

den Unheilsdämon! Doch auf einen würdevolleren Tod
war ihr Sinn gerichtet, und nicht nach Frauenart
erbebte sie vor dem Schwert oder suchte zu erreichen
mit schneller Flotte unbekannte Küsten.

25 Sie wagte es, die in Trümmer sinkende Königsburg zu sehen
mit heiterem Blick, und tapfer die grimmigen
Schlangen zu streicheln, damit sie das schwarze
Gift trinke mit ihrem Körper,

noch wilder durch einen wohlüberlegten Tod.
30  Denn sie neidete den wilden Liburnern,
   sie zu zeigen als Entthronte
   – keine niedrige Frau – im stolzen Triumph.

Im Freudenrausch strömen die Worte des Horaz (*Oden* 1, 37)
so unaufhaltsam wie der Wein. Ursprünglich ein Trinklied, ver-
wandelt sich die Ode in eine dramatische Erzählung von Kleopatras Bedrohung für die römischen Existenz, von Octavians
Sieg und Kleopatras edlem Untergang durch Selbstmord. Der
Festtrunk der Römer steht am Anfang der Ode, er kontrastiert
mit dem Todestrunk der Kleopatra am Ende. Dazwischen steht
die Trunkenheit der Herrscherin, die, ihrer Sinne nicht mehr
mächtig, die Realität verkennt.
   Die Verse fünf bis zwölf stellen Kleopatra als Handelnde dar;
in ihrer Hybris will sie gar das Capitol, Rom selbst, zerstören.
Doch bereits ab Vers zwölf wird sie als Subjekt und Mensch, als
Königin und Frau ausgeschaltet; sie ist nur noch als Objekt
gegenwärtig. Als Handelnder dominiert Octavian, der als Jäger
auftritt. Er stellt sich nicht dem Menschen und der Königin
gegenüber, sondern der Raserei, dem Rausch, dem Ungeheuer,
allen negativen Eigenschaften, deren Verkörperung Kleopatra
ist: das *fatale monstrum,* der furchtbare Unheilsdämon des
Horaz. In dem Wort schwingt ebenso Bewunderung wie Verwunderung und Verachtung mit. Darüber hinaus trägt es eine
religiöse Konnotation: Der heilige Schauder vor dem Bösen
liegt in dem Ausdruck. Kleopatra rüttelte in zweifacher Hinsicht an der Weltordnung: als Frau und als Gegner Roms. Erst
am Ende wird sie wieder Subjekt und Mensch. Die Königin ist
ihres äußeren Glanzes entkleidet, die Frau steht vor uns. Erst
am Ende, erst bei ihrem Selbstmord, fällt eine positive Formu-
lierung: ‚keine niedrige Frau' (*non humilis mulier*) sei Kleopatra gewesen, weil dieser Selbstmord endlich etwas war, was
römische Aristokraten verstanden, nämlich aus dem Scheitern
die adäquate Konsequenz zu ziehen.
   In der Rückschau sieht Horaz in dem Sieg von Actium eine
bedeutsame Wendung des Krieges gegen Ägypten; aber erst der

Tod der Kleopatra hat Rom Sicherheit und Freiheit zurückgegeben. Immer stärker rückt in der Folgezeit Actium, die größte Schlacht aller Zeiten, in den Mittelpunkt. Es entsteht die Actium-Legende wie sie Vergils Schildbeschreibung und Properz wiedergeben.

Prägend für die Darstellung der militärischen Auseinandersetzung und damit für die Interpretation der Rolle der Kleopatra war Vergil, der im achten Buch seiner Aeneis den Gegensatz zwischen Ost und West entwirft (*Aeneis* 8, 675–713). Auf der einen Seite stehen die olympischen Götter, das Volk, der Senat und Octavian, dieser bereits als Gott verklärt: Von seinen Schläfen sprühen Flammen, der Stern seines göttlichen Vaters Caesar verheißt Hilfe. Auf der anderen Seite befinden sich Antonius und seine ägyptische Gattin, für deren Beziehung Vergil nur das Wort ‚Frevel‘ (*nefas*) übrig hat. Antonius ist kein Römer mehr, und so spielt er auch in der eigentlichen Schlacht keine Rolle. Vergil ignoriert als Dichter die Fakten und stellt Kleopatra ins Zentrum des gegnerischen Heeres. Nicht mit menschlichen Kommandos, sondern mit ihrer Isis-Klapper, dem Sistrum, lenkt sie die barbarischen Massen. So ringen auf der einen Seite Neptun, Venus und Minerva und auf der anderen ägyptische Tiergötter wie der hundsköpfige Anubis. Schließlich greift Apoll, der Sonnengott, ein, spannt seinen Bogen und macht dem gräßlichen Spuk ein Ende. All die fremden Völker des Ostens, Ägypter, Inder, Araber und Sabäer, fliehen mit Kleopatra an der Spitze.

Die von Octavian vorgegebene Anschauung will den beschämenden Gedanken an einen Bürgerkrieg vergessen machen. Von daher wird der Name des Antonius fast überall verschwiegen und durch mehr oder weniger deutliche Anspielungen ersetzt. Typisch ist Horaz, wenn er fragt (*Epode* 9): „Nachwelt, wirst du es glauben? Der Römer, einer Frau verkauft, trägt als Soldat Schanzpfahl und Waffen (für sie) und nimmt von runzligen Eunuchen Befehle an." Da aber die Geschichte für die Römer und Octavian einen Gegner benötigte, zumal es offiziell gegen einen äußeren Feind gegangen war, wurde der Blick mehr und mehr auf Kleopatra gelenkt, die als einzige Kontrahentin erscheint.

„Wie auf den Gemälden Omphale dem Herakles die Keule wegnimmt und sein Löwenfell anlegt, so entwaffnete oft Kleopatra den Antonius und umgaukelte ihn." Plutarchs Charakterisierung der beiden Personen entspricht einem alten Motiv, das zur Zeit der Kleopatra dadurch Aktualität erhielt, daß Antonius sich als Nachkomme des Herakles verstand (*Antonius* 90; S. 49). Daraus leitete man dann ein entsprechend vertauschtes und damit pervertiertes Rollenverhalten ab: „Antonius beträgt sich wie eine Frau", soll Octavian seinen Soldaten vor Actium mit auf den Weg gegeben haben (Cassius Dio 50, 27, 4. 6). Kleopatra beherrscht den Mann und stellt damit die Ordnung der Natur auf den Kopf. Zu den entsprechenden ‚männlichen' Verhaltensmustern der Kleopatra gehörte unter anderem ihre Trunksucht; nach Properz (*Elegie* 3, 11) konnte die sterbende Königin ihre letzten Worte nur noch mit „vom Wein erstickter Stimme" lallen.

Mochten auch spätere Zeitgenossen gegen die Auffassung der schönen Frau als unheilstiftende Macht in der Geschichte protestieren, wie sie als erster Homer am Beispiel der schönen Helena in die abendländische Literatur einführte, die Vorstellung hielt sich, und römische Dichter, Redner und Historiker berauschten sich an dieser Erklärung, als die schöne Frau Kleopatra hieß, in der sich die Vorurteile ganzer Generationen bündelten: ‚femme fatale', maßlose Geliebte, Verführerin, königliche Dirne. Es waren die Gegner der Kleopatra, die sie zur Gegenspielerin der Männer und zugleich zum Ideal männlicher Begierden stilisierten. Aurelius Victor brachte diese Vorstellungen im 4. Jahrhundert in knappen Worten auf den Punkt (*Berühmte Männer* 86, 2): „Kleopatra war von so großer Wollust, daß sie sich häufig öffentlich anbot, und von so großer Schönheit, daß viele eine Nacht mit ihr um den Preis des eigenen Todes erkauften." Indem die Autoren Kleopatra als männermordende Sirene zeichneten, entwarfen sie ein Traumbild männlicher Obsessionen.

Da für den Krieg gegen die ägyptische Königin auch ein Grund notwendig war, wuchsen mit dem Abstand von den Ereignissen in der römischen Geschichtsschreibung die Ambitionen Kleopatras immer gewaltiger. Der Krieg gegen sie geriet schließlich zum Kampf um Freiheit und Ehre, aber auch zum Kampf für Moral und gegen Unzucht. Was zunächst als Konflikt zweier politischer Parteiungen begonnen hatte, endete in der Dichtung und Historiographie als Rettung vor dem barbarischen Osten und vor der monarchischen Staatsform hellenistischer Prägung. Um die drohende Gefahr aus dem Osten zu demonstrieren, greift Properz zu Motiven, die vor ihm schon Vergil und Horaz verwendet haben. Seine eigene Leistung besteht darin, daß er das, was die beiden als Charakteristika für die Ägypterin nannten, noch überbietet. Niemand war fanatischer und zeichnete das Bild Kleopatras gehässiger als er: Bei ihm wird sie endgültig zur Hure. Mit dem grotesken Bild, wie Kleopatra ihr Lotterbett auf dem Capitol aufschlägt und, womöglich von ihrem Liebeslager aus, Recht spricht, ist der Höhepunkt der Beschimpfung, aber auch der Albernheit erreicht (Properz, *Elegie* 3, 11, 45–46). Dies ist kein ernsthafter politischer Angriff mehr, sondern schiere Verteufelung.

Auch bei Lucan gibt es in der Beschimpfung kein Halten mehr: Schande Ägyptens, gräßliche Furie Latiums, deren Geilheit Rom teuer zu stehen kam (*Pharsalia* 10, 53–69). Er erlag schließlich seiner eigenen Legende, als er die mögliche Herrschaft der Kleopatra über die ganze Welt als greifbar nahe beschrieb: „Es schwankte wirklich das Los auf leukadischer Meerflut, ob eine Frau und eine Fremde dazu gewänne die Welt sich."

„Ich werde den Triumphzug nicht schmücken", soll Kleopatra einmal in Erinnerung an das Schicksal zahlreicher Gegner Roms gesagt haben (Livius bei Porphyrios im *Kommentar zur Horaz-Ode* 1, 37, 30). Bei dem Gedanken gerät Properz ins Schwärmen (*Elegie* 4, 6, 65–66); diese Demütigung hätte er ihr gegönnt: „Eine einzige Frau auf den Straßen, auf denen einst Jugurtha geführt wurde, was für ein Triumphzug wäre das!" Ihr Selbstmord bewahrte sie davor. Sie mußte es auch nicht mehr erleben, daß einer der ägyptischen Obelisken, eines der heiligen Symbole ihres Landes, als Zeichen des Sieges des Octavian, der inzwischen Augustus hieß, in Rom als Zeiger einer überdimensionalen Sonnenuhr verkam.

Kleopatra hat um den Thron der Ptolemäer gekämpft. Sie hat diesen Thron mit Hilfe Caesars gerettet, und zusammen mit Antonius hoffte sie, das Reich ihrer Väter zu neuer Macht und Größe zu erheben. Für einen kurzen Augenblick, an jenem Tag des Glücks in Alexandria (S. 72) war sie ihrem Traum sehr nahe oder glaubte ihn sogar erfüllt. Kleopatra kämpfte mit allen Mitteln, die ihr als Königin und als Frau zur Verfügung standen. Bei dieser Feststellung sollten wir es belassen. Spekulationen über ihre Gefühle zu Caesar oder Antonius verbieten sich. Der wahre Zustand einer Beziehung bleibt Außenstehenden im letzten stets verschlossen und gelegentlich auch den Betroffenen selbst. Immer ist die Frage gestellt worden, ob Kleopatra gut oder schlecht war. Sie war auf jeden Fall konsequent.

# 18. Ewige Kleopatra – Kunst und Kommerz

Kleopatra! Es gab zahlreiche Frauen dieses Namens, aber fast jeder denkt nur an eine: Kleopatra VII. Bei einigen erweckt ihr Name das Bild einer bedeutenden Herrscherin, Königin der Könige, bei anderen das der großen Liebhaberin Caesars, deren zweite Liebe Antonius war. Wiederum andere sehen in ihr die – im übertragenen und direkten Wortsinn – männermordende Bestie, die sittenlose Dirne, die Ehebrecherin, die wahnsinnige Verschwenderin, ein Symbol für Luxus, Exotik und Erotik schlechthin. Ihr Bild hat so viele Facetten wie es Betrachter gibt, und viele dieser Facetten sind Ausdruck schierer Misogynie.

Es hat wenige Frauen gegeben, welche die Gemüter von Malern, Komponisten, Schriftstellern und Filmregisseuren derart faszinierten. Ihre Person und ihr Name gerieten zur Chiffre für die Träume wie die Alpträume der Männer aller Zeiten.

Ungezählten Gemälden liegt jeweils der Schönheitstypus des betreffenden Landes und des Zeitgeschmacks zugrunde. Seit der Renaissance ist sie häufig dargestellt worden in ihrem Glanz und in ihrer tragischen Todesstunde. Ein Holzschnitt aus einer Boccaccio-Edition, die mit Illustrationen 1473 in Ulm erschien, folgt der antiken Vorgabe des Selbstmords mit zwei merkwürdigen Schlangen mit Mäuseohren, die ‚keusch‘ in die Unterarme beißen (Abb. 7).

Boccaccio legt in seinem Werk ‚Berühmte Frauen‘ von 1361 eine Sammlung von 104 Frauengestalten der Antike vor, unter ihnen eben auch Kleopatra. Bei Boccaccio steht Kleopatra für Schönheit, aber auch für Gier, Grausamkeit und Lüsternheit. Die Holzschnittfolge zu dem Werk von 1473 setzt diese Thematik in die Bildersprache um. Das linke Bild zeigt sie, wie sie gerade ihre 10.000.000 Sesterzen-Wette gewinnt (S. 66). Kleopatra schaut, während sie die aufgelöste Perle trinkt, die beiden Männer herausfordernd an. Antonius hebt mahnend und warnend den Finger, während der andere Mann vor Schreck das Geschirr fallen gelassen hat. Antonius trägt eine Krone, er

Abb. 7: Illustrationen zu Boccaccios ‚Berühmte Frauen‘:
Antonius und Kleopatra

verkörpert die Ordnung, Kleopatra trägt einen Kopfschmuck, der von der Kirche damals als Zeichen der Ausschweifung und Unzucht gebrandmarkt worden war.

Die Folgen solchen Verhaltens sind klar, sie werden auf dem rechten Bild demonstriert. Antonius, der Kleopatra nicht an ihrem verderblichen Tun gehindert hat, liegt ermordet am Boden, und es soll wohl der Eindruck vermittelt werden, daß Kleopatra ihm das Schwert in die Brust gestoßen hat. Anschließend bleibt aber auch dem männermordenden Weib seine gerechte Strafe nicht erspart. Kleopatras Weg in Literatur und Malerei war damit vorgezeichnet. Die meisten Gemälde haben diese beiden Episoden zum Thema: Über 60 Maler stellten das Gastmahl der Kleopatra dar, mehr als 150 setzten ihren Tod ins Bild.

Vor allem Künstler des Barock haben Szenen aus dem Wirken der Kleopatra aufgegriffen und dabei oft ihrem verwerflichen Leben ein positives Beispiel gegenübergestellt. Ihr glanzvoller Hof in Alexandria hat vor allem die Phantasie der Venezianer beflügelt, die ihr vielleicht hinsichtlich der Prunksucht verwandt waren. In gewaltigen Fresken hat Tiepolo im Palazzo Labia die ,Begegnung des Antonius und der Kleopatra in Tarsos' sowie das ,Gastmahl der Kleopatra' gestaltet.

Die Maler des 19. Jahrhunderts versetzten Kleopatra in die Welt türkischer Badehäuser, in den Orient. Wie in der Propaganda des Octavian war Kleopatra zu Zeiten des europäischen Imperialismus als Frau und Orientalin die Antithese für die männlich bestimmte Phantasie Europas, des Westens: Sie war der Orient, und der Orient war weiblich. Das Monumentalgemälde von Hans Makart (1876) ,Kleopatras Tod' stellt in dieser Hinsicht zumindest einen quantitativen Höhepunkt dar. In dem Bild, auf dem sich Kleopatra eine Viper an die Brust setzt, bündeln sich die schwüle Erotik und der orientalische Luxus, wie sie die Zeit sich vorstellte (Abb. 8).

Erhebliche Popularität genoß das Thema Kleopatra auf der Opernbühne. Es wurde in über 100 Singspielen, Opern, Ope-

Abb. 8: Der Tod der Kleopatra. Gemälde von Hans Makart, 1876

retten und Balletten seit der *opera drammàtica* des Venezianers Giulio Guazzini von 1633 aufgegriffen. Mindestens zwei bekannte Opernbühnen wurden mit *Kleopatra* eröffnet: 1742 die Königliche Schaubühne in Berlin, die spätere Berliner Oper, mit der von Giovanni Gualberto Botarelli nach der Tragödie von Pierre Corneille *La mort de Pompée* verfaßten und von Carl Heinrich Graun vertonten *Cleopatra e Cesare* sowie 1966 die neue Metropolitan Opera in New York mit Samuel Barbers und Franco Zeffirellis *Anthony and Cleopatra*.

Es ginge zu weit, alle Dichter aufzuführen, die diese Frau zum Gegenstand ihrer Poesie gemacht haben. Der ‚Großmeister‘ der Bibliographie, Theodor Besterman, bot zu Beginn dieses Jahrhunderts eine Liste solcher Dichter, die von Plutarch über Boccaccio, Shakespeare, Gaudenzio, Rojas Zorilla, Marmontel, Kotzebue, Bethell, Brecht bis zu Wilder reichte, um nur die im folgenden angesprochenen zu nennen.

Am Beginn der modernen Kleopatra-Rezeption steht Giovanni Boccaccio, der sich, wie eben erläutert, 1361 erstmals seit der Antike des Stoffes annahm.

William Shakespeares *The Life of Anthony and Cleopatra,* 1608 uraufgeführt, bildete das Vorbild für zahlreiche Autoren des 17. und 18. Jahrhunderts. Mit den Übersetzungen in über 120 Sprachen liegt das Theaterstück bis heute in über 1.500 Editionen vor. Wie kein anderes hat dieses Werk das Bild von Kleopatra geprägt, innerhalb und vor allem außerhalb der Wissenschaft.

Shakespeare behandelte das Thema leidenschaftlicher Liebe, die in Zerstörung endet; er schrieb das *Hohelied der Sinnlichkeit* (2. Aufzug, 2. Szene) und legte damit die Persönlichkeit der Kleopatra bis heute fest:

> Alter kann sie nicht welken, noch Gewohnheit
> ihren ewigen Reiz schal machen. Andere Frauen,
> die sättigen den Hunger, den sie nähren,
> doch sie macht hungriger, je mehr sie stillt.
> Denn auch das Übelste macht sie so rein,
> daß heilige Priester sie noch segnen, wenn sie hurt.

Paganino Gaudenzio schrieb in Pisa 1642 sein Werk *Di Cleopatra reina d'Egitto la vita considerata,* in dem er zwei ‚Leben' der Kleopatra darstellte, ein historisches und ein imaginäres.

Sogar die Schlangen der Kleopatra wurden eigens zum Thema gemacht, als Francisco de Rojas Zorilla 1645 sein Drama *Los aspides de Cleopatra* verfaßte. Die Schlange scheint auch das wichtigste Requisit in Jean-François Marmontels Drama *Cléopâtre* von 1750 gewesen zu sein. In der Todes-Szene der Kleopatra wurde eine mechanische Schlange eingesetzt, allerdings nicht mit dem gewünschten Erfolg beim Publikum. Ein Kritiker schrieb zur Aufführung (Ponce Denis Ecouchard Le Brun, *Epigramme* 2, 17):

> Au beau Drame de Cléopâtre
> ou fut l'aspic de Vaucanson,
> tant fut sifflé, qu'à l'unisson
> sifflaient et parterre et théâtre;
> et le souffleur, oyant cela,
> croyant encore souffler, siffla.

(Im schönen Drama über Kleopatra, wo die Natter von Vaucanson erschien, wurde so gezischt, daß im Gleichklang Parkett und Bühne zischten. Und der Souffleur, dieses hörend, glaubte, daß er noch soufflieren müsse, und zischte.)

Bereits 1805 parodierte August von Kotzebue die zahllosen Kleopatra-Werke und seine Zeit gleichermaßen in einer Satire, in der unter anderem Ptolemaios XV. Kaisar in Matrosenkleidung auftreten sollte. Seine Kleopatra reagierte auf Caesars Ermordung (*Cleopatra* 1. Szene):

> Mein Caesar ist nun todt! und mit ihm alle Freuden!
> drum trink' ich grünen Thee und lese Werthers Leiden.

Auch skurrile Erscheinungen blieben bei einem Thema nicht aus, an dem sich nahezu jeder versuchte, der als Schriftsteller galt oder gelten wollte. 1921 erhielt die British Library in London das Werk des Engländers A. J. Bethell als Geschenk: *From Cleopatra to Christ.* Der Autor versucht darin den Nachweis zu führen, Kleopatra sei im Jahre 30 nicht gestorben, sondern habe mehrfach ihre Identität gewechselt und sei schließlich als die Jungfrau Maria die Mutter Jesu geworden.

Kleopatra in der Dichtung des 20. Jahrhunderts stand im Spannungsfeld zwischen liebestoller Verführerin und geistvoller Partnerin. Das eine Extrem setzte Bertolt Brecht in seiner *Dreigroschenoper* in Verse (3. Akt, 1. Szene):

> Ihr saht die schöne Kleopatra,
> Ihr wißt, was aus ihr wurd!
> Zwei Kaiser fielen ihr zum Raub.
> Da hat sie sich zu Tod gehurt
> Und welkte hin und wurde Staub.

In den *Iden des März* läßt Thornton Wilder seinen Caesar dagegen über Kleopatra schreiben (2. Buch, XXIII 942): „Sie ist wohl eine noch viel bemerkenswertere Frau geworden. Gespräche zu führen, Gespräche! wird wieder ein Vergnügen sein... Die Fragen, die sie stellt!... Alle Menschen in unserer Welt, alle sind geistesträg, außer Dir, Cleopatra!"

Nichts hat das moderne Kleopatra-Bild so sehr geformt wie das Kino. In die Pionierzeit des Films gehört die *Cleopatra* des Franzosen Georges Méliès von 1899. Berühmtheit erlangte dann 1934 Claudette Colbert in der Rolle der ägyptischen Königin in Cecil B. DeMilles Film *Cleopatra*, mit dem der Regisseur die amerikanische Frau seiner Zeit darstellte, selbständig, sexuell und ökonomisch unabhängig. Hier ist es die Königin, die Caesar den Vorschlag macht: „Zusammen könnten wir die Welt erobern", und dieser antwortet: „Nett, daß du mich mit einbeziehst." Mit Claudette Colbert hatte DeMille eine sportliche Darstellerin gewählt, deren Erscheinung lange Zeit das Kleopatra-Bild prägte. Hierzu trugen die Kommerzialisierung und ein Verkaufsboom bei, der dem Film folgte, auch wenn dieser nicht vergleichbar war mit Erscheinungen der achtziger Jahre. In speziellen ‚Cinema Shops' konnte man ein Parfum *Cleopatra* erwerben. Spezialläden offerierten eine Nachbildung der Ponyfrisur, wie sie Claudette Colbert im Film getragen hatte. Die Frisur habe viel mit den Eroberungen der Kleopatra zu tun gehabt, versicherte die Firma, und es verbiete sich daher, dieses Geheimnis der Kleopatra der ‚Alten Geschichte‘ zu überlassen. *Die* moderne Verkörperung der Kleopatra schlechthin wurde Elizabeth Taylor in dem Monumentalfilm von 1963. Sie gestaltete wie keine andere Darstellerin auch ihr Privatleben so, wie man sich dies bei Kleopatra oft vorstellte. *Asterix und Kleopatra* schließlich ist der bekannteste in der Reihe der Zeichentrickfilme über die ägyptische Königin.

Das Stichwort Kommerz ist keineswegs allein mit der Neuzeit verbunden. Eine lange nach ihrem Tod erschienene Sammlung von Schönheitsrezepten hieß kurz *Kleopatra*. Der unbekannte Verfasser rechnete mit der Neugier der Frauen, die einen Blick in die Geheimnisse des königlichen Schminkkastens werfen wollten. Hier war der Weg zur modernen Reklame vorgezeichnet. Eine Seife *Cleopatra* hofft heute auf einen ähnlichen Effekt. Ein Mittel gegen Haarausfall aus diesem Rezeptbuch – schließlich war Kleopatra ja die Geliebte des Kahlkopfs Caesar gewesen – lieferte Thornton Wilder den Stoff zu einer Szene (2. Buch, XXXVI). Er läßt Caesar den ganzen Tag mit dem Kopf voll blauer Paste herumlaufen, am Ende aber durch den Spruch getröstet werden, ein Mann könne „entweder Haar oder Hirn haben, aber nicht beides“. Dieser Satz wäre dem Esprit einer Kleopatra würdig gewesen.

# Zeittafel

Herrscherjahre Kleopatras, Ptolemaios' XIII., Ptolemaios' XIV., Ptolemaios' XV. Kaisar

| | |
|---|---|
| 100 | Geburt Caesars |
| 83/82 | Geburt des Antonius |
| 69 | Geburt der Kleopatra |
| 63 | Geburt Octavians |
| 58–49 | Caesar in Gallien |
| 58 | Ptolemaios XII. wird aus Alexandria vertrieben |
| 58–55 | Berenike IV. herrscht in Ägypten |
| 55 | Ptolemaios XII. wieder als König eingesetzt |
| 5. 9. 52–4. 9. 51 | 30. Regierungsjahr Ptolemaios' XII., 1. Regierungsjahr der Kleopatra |
| Februar/März 51 | Tod Ptolemaios' XII., Thronbesteigung der Kleopatra |
| 5. 9. 51-4. 9. 50 | 2. Regierungsjahr |
| 5. 9. 50-3. 9. 49 | 3. Regierungsjahr (zusammen mit Ptolemaios XIII.) |
| 49 | Caesar überschreitet den Rubicon, Beginn des Bürgerkriegs, Vertreibung der Kleopatra nach Oberägypten |
| 4. 9. 49–3. 9. 48 | 4. Regierungsjahr (zusammen mit Ptolemaios XIII.) |
| 48 | Vertreibung der Kleopatra aus Ägypten |
| 9. 8. 48 | Caesar siegt über Pompeius Magnus bei Pharsalos |
| 4. 9. 48-2. 9. 47 | 5. Regierungsjahr (zusammen mit Ptolemaios XIII.) |
| 28. 9. 48 | Ermordung des Pompeius Magnus |
| 1. 10. 48 | Caesar landet in Alexandria |
| 27. 3. 47 | Tod Ptolemaios' XIII., Kleopatra und Ptolemaios XIV. inthronisiert |
| Mitte April 47 | Caesar verläßt Alexandria |
| 2. 8. 47 | Sieg Caesars bei Zela |
| 6. 9. 47 | Geburt des Ptolemaios XV. Kaisar |
| 3. 9. 47-2. 9. 46 | 6. Regierungsjahr (zusammen mit Ptolemaios XIV.) |
| 6. 4. 46 | Caesars Sieg bei Thapsos |
| 46 | Triumph Caesars über Ägypten |
| 46–44 | Kleopatra und Ptolemaios XIV. in Rom |
| 3. 9. 46–1. 9. 45 | 7. Regierungsjahr (zusammen mit Ptolemaios XIV.) |
| 17. 3. 45 | Caesars Sieg bei Munda |
| 2. 9. 45–31. 8. 44 | 8. Regierungsjahr (zusammen mit Ptolemaios XIV. und Ptolemaios XV. Kaisar) |
| 15. 3. 44 | Ermordung Caesars |
| Juli/August 44 | Tod Ptolemaios' XIV. Gemeinsame Regierung mit Ptolemaios XV. Kaisar |
| 1. 9. 44–31. 8. 43 | 9. Regierungsjahr (zusammen mit Ptolemaios XV. Kaisar) |

| | |
|---|---|
| 21. 4. 43 | Schlacht bei Mutina |
| 1. 9. 43–31. 8. 42 | 10. Regierungsjahr (zusammen mit Ptolemaios XV. Kaisar) |
| 11. 11. 43 | Triumvirat von Antonius, Octavian und Lepidus |
| 1. 9. 42–31. 8. 41 | 11. Regierungsjahr (zusammen mit Ptolemaios XV. Kaisar) |
| 23. 10. 42 | Cassius und Brutus bei Philippi geschlagen |
| 1. 9. 41–31. 8. 40 | 12. Regierungsjahr (zusammen mit Ptolemaios XV. Kaisar) |
| 40 | Fall von Perusia, Tod der Fulvia, Vertrag von Brundisium, Heirat von Antonius und Octavia, Einfall der Parther in Syrien und Kleinasien |
| 1. 9. 40–31. 8. 39 | 13. Regierungsjahr (zusammen mit Ptolemaios XV. Kaisar) |
| 39 | Vertrag von Misenum |
| 1. 9. 39–31. 8. 38 | 14. Regierungsjahr (zusammen mit Ptolemaios XV. Kaisar) |
| 1. 9. 38–31. 8. 37 | 15. Regierungsjahr (zusammen mit Ptolemaios XV. Kaisar) |
| 37 | Vertrag von Tarent, Triumvirat um fünf Jahre verlängert, Gebietsreformen im Osten durch Antonius |
| 1. 9. 37–31. 8. 36 | 16. = 1. Regierungsjahr (zusammen mit Ptolemaios XV. Kaisar) |
| 36 | Agrippa besiegt Sextus Pompeius, Partherfeldzug des Antonius |
| 1. 9. 36–31. 8. 35 | 17. = 2. Regierungsjahr (zusammen mit Ptolemaios XV. Kaisar) |
| 35 | Sextus Pompeius getötet |
| 1. 9. 35–31. 8. 34 | 18. = 3. Regierungsjahr (zusammen mit Ptolemaios XV. Kaisar) |
| 34 | Kämpfe Octavians in Dalmatien, Krieg des Antonius gegen Armenien, Gebietsreformen von Alexandria, Kleopatra wird ‚Königin der Könige‘ |
| 1. 9. 34–31. 8. 33 | 19. = 4. Regierungsjahr (zusammen mit Ptolemaios XV. Kaisar) |
| 1. 9. 33–31. 8. 32 | 20. = 5. Regierungsjahr (zusammen mit Ptolemaios XV. Kaisar) |
| 32 | Die Konsuln und zahlreiche Senatoren verlassen Rom und schließen sich Antonius an, Kriegserklärung Octavians an Kleopatra |
| 1. 9. 32–31. 8. 31 | 21. = 6. Regierungsjahr (zusammen mit Ptolemaios XV. Kaisar) |
| 1. 9. 31–10. 8. 30 | 22. = 7. Regierungsjahr (zusammen mit Ptolemaios XV. Kaisar) |
| 2. 9. 31 | Schlacht bei Actium |

| | |
|---|---|
| 1. 8. 30 | Octavian in Alexandria, Selbstmord des Antonius |
| 10.(?)8. 30 | Tod der Kleopatra |
| 13.–15. 8. 29 | Dreifacher Triumph Octavians |

# Kommentierte Kurzbibliographie

Einen Überblick über die zahlreichen Kleopatra-Romane zu geben, ist hier nicht möglich.

## Gesamtdarstellungen

Adolf Stahr, Kleopatra, Berlin ²1879, bot die erste vorzüglich geschriebene ‚Ehrenrettung' Kleopatras. Es handelt sich um eine leidenschaftliche Rehabilitation, verfaßt gegen das seinerzeit von Dichtern und Malern, aber auch von Historikern gezeichnete Bild einer leichtlebigen und verräterischen Frau.

Einen sehr guten Überblick bietet das Kapitel über die Zeit der Kleopatra in ‚The House of Ptolemy. A History of Egypt under the Ptolemaic Dynasty' von Edwin Bevan, Chicago ²1968, 359–384.

Oskar von Wertheimers Buch über Kleopatra dürfte in deutscher Sprache die weiteste Verbreitung haben. Erstmals erschien es 1930 in Wien unter dem Titel ‚Kleopatra'. Mehrfach wurde es mit veränderten Untertiteln nachgedruckt: ‚Kleopatra. Die Königin vom Nil', ‚Kleopatra. Die genialste Frau der Weltgeschichte'. Wertheimer gründet den Erfolg der Königin letztlich auf ihrer Schönheit und Liebe, der Caesar und Antonius ausgeliefert waren; sein Werk bewegt sich auf der Grenze von historischer Darstellung und Roman.

Die Arbeit von William Woodthorpe Tarn – Martin Percival Charlesworth, Octavian, Antonius und Kleopatra, München 1967, ist eine Übersetzung der entsprechenden Abschnitte der Cambridge Ancient History von 1934. Es handelt sich um eine Darstellung der Auseinandersetzungen der Triumviratszeit; die gelegentlichen Erwähnungen der Kleopatra übertreffen in ihrer Einseitigkeit mitunter die antiken Quellen.

Emil Ludwig, Cleopatra, Amsterdam – London 1938, schrieb eine historisch zwar unhaltbare, aber lesenswerte Schilderung, die mit dichterischer Phantasie Plutarch umsetzt.

Die Studie von Hans Volkmann, Kleopatra. Politik und Propaganda, München 1953, stellt nach Inhalt und Form die beste neuzeitliche Geschichte der Kleopatra und ihrer Zeit dar. Allerdings stehen weniger die ägyptische Königin als vielmehr Octavian und der Aufweis seiner Propaganda im Mittelpunkt. Hier findet man auch ein ausführliches Verzeichnis der Quellen und der Literatur.

Arthur Weigall, The Life and Times of Cleopatra Queen of Egypt. A Study in the Origin of the Roman Empire, Philadelphia ²1962 (Nachdruck New York 1968) beschreibt Kleopatra als selbständige Herrscherin und Politikerin, neben der Antonius kaum mehr als eine Marionette war. Damit unterschätzt er auf der einen Seite die Persönlichkeit des römischen Triumvirn, wie er auf der anderen die Möglichkeiten der ägyptischen Königin überbewertet.

Bei der Arbeit von Jack Lindsay, Cleopatra, London 1971, handelt es sich um eine gute, sehr ausführliche Darstellung mit weitgehender Einbettung der Geschichte der Kleopatra in die Zeitbezüge durch Themen wie Ägypten, Caesar, Bürgerkrieg, Literatur und so fort. Die deutsche Version, Kleopatra. Eine Frau und eine Epoche, Düsseldorf – Köln 1972, wurde gegenüber der englischen Originalausgabe um erhebliche Passagen eben dieser Zeitbezüge und vor allem den Anmerkungsteil gekürzt.

Michael Grant, dessen Kleopatra-Monographie in englischer und deutscher Sprache mehrere Auflagen erlebte, u. a. Bergisch-Gladbach 1981, schildert die griechisch-ägyptische Herrscherin, ohne der römischen Propaganda zu erliegen. Er betont die Eigenständigkeit des Ostens, die er zu Recht in der langen Fortdauer des Byzantinischen Reiches erwiesen sieht.

## Einzelaspekte

Für die ersten Regierungsjahre der Kleopatra stellt die Studie von Heinz Heinen, Rom und Ägypten von 51 bis 47 v. Chr. Untersuchungen zur Regierungszeit der 7. Kleopatra und des 13. Ptolemäers, Tübingen 1966, das Standardwerk dar.

Werner Huss behandelt ‚Die Herkunft der Kleopatra Philopator‘, Aegyptus 70, 1990, 191–203.

Für die Möglichkeit der Vaterschaft Caesars für Ptolemaios Kaisar bringt Heinz Heinen, Cäsar und Kaisarion, Historia 18, 1969, 181–203, überzeugende Argumente.

Die Quellenprobleme im Zusammenhang mit Caesars Aufenthalt in Alexandria diskutiert Louis E. Lord, The Date of Julius Caesar's Departure from Alexandria, Journal of Roman Studies 28, 1938, 19–40.

‚Cleopatra's Pearls‘ aus der Sicht des Chemikers behandelt Berthold L. Ullman, Classical Journal 52, 1957, 193–201.

Hinsichtlich des Problems einer möglichen Ehe zwischen Antonius und Kleopatra spricht sich Alvaro d'Ors, Cleopatra uxor de Marco Antonio?, Anuario de Historia del Derecho Espanol 49, 1979, 639–642, gegen eine solche Annahme aus.

Für die Beschäftigung mit den militärischen Auseinandersetzungen zwischen Octavian auf der einen sowie Antonius und Kleopatra auf der anderen Seite bilden die Studien von Johannes Kromayer immer noch die beste Grundlage: Kleine Forschungen zur Geschichte des zweiten Triumvirats VI: Die Vorgeschichte des Krieges von Actium, Hermes 33, 1898, 13–70; VII: Der Feldzug von Actium und der sogenannte Verrath der Cleopatra, Hermes 34, 1899, 1–54; Actium. Ein Epilog, Hermes 68, 1933, 361–383.

Ilse Becher, Das Bild der Kleopatra in der griechischen und lateinischen Literatur, Berlin 1966, handelt, nach unterschiedlichen Motiven geordnet, antike Autoren und deren Aussagen zu Kleopatra ab.

Mary Hamer, Signs of Cleopatra, London 1993, stellt Kleopatra als Symbol für die Rolle der Frau in der jeweiligen Zeit heraus. Dabei interpretiert sie Buchillustrationen, wie die für Boccaccio (S. 111), und Gemälde, wie die von Tiepolo oder Delacroix, sowie den modernen Film.

Die Rezeptionsgeschichte der Kleopatra analysiert Lucy Hughes-Hallett in ihrem ebenso kenntnisreichen wie unterhaltsamen Überblick ‚Cleopatra. Histories, Dreams and Distortions', London 1990. Unter mehreren Aspekten des Kleopatra-Bildes – die Liebhaberin, Frau, Königin, Mörderin, Fremde – stellt sie die wesentlichen Strömungen der Dichtung und der Malerei ebenso vor wie das Medium des Films.

# Verzeichnis der Abbildungen

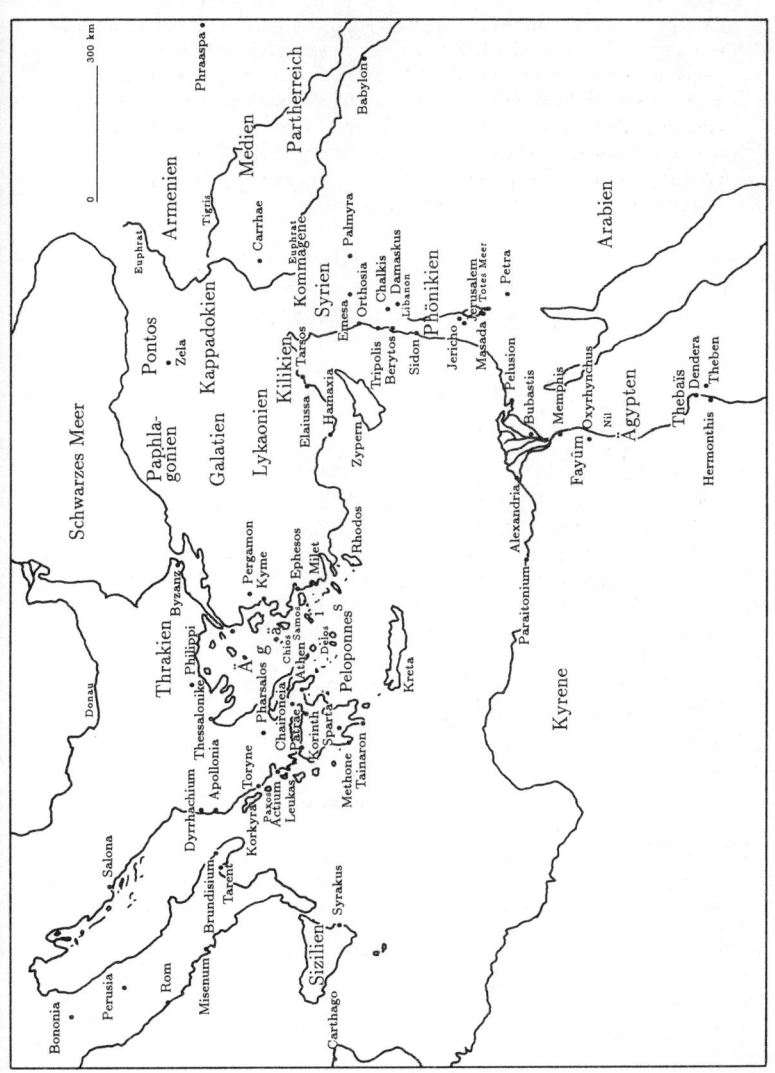

Abb. 9: Das östliche Mittelmeergebiet

# Register

Die kursiv gesetzten Zahlen bei geographischen Begriffen verweisen auf Karten.

# Antike bei C.H. Beck

*Horst Blank*
## Das Buch in der Antike
1992. 246 Seiten mit 121 Abbildungen. Broschiert
(Beck's Archäologische Bibliothek)

*Louise Bruit Zaidman/Pauline Schmitt Pantel*
## Die Religion der Griechen
### Kult und Mythos
1994. 256 Seiten mit 23 Abbildungen im Text. Leinen

*Karl Christ*
## Caesar
### Annäherung an einen Diktator
1994. 398 Seiten mit 16 Abbildungen und 5 Karten. Leinen

*Albrecht Dihle*
## Die Griechen und die Fremden
1994. 173 Seiten mit 6 Abbildungen und 5 Karten. Leinen

*Mary R. Lefkowitz*
## Die Töchter des Zeus
### Frauen im alten Griechenland
Aus dem Amerikanischen übersetzt von Holger Fliessbach
unter Mitarbeit von Axel Haase
1992. 192 Seiten. Gebunden

*Ingeborg Scheibler*
## Griechische Malerei in der Antike
1994. 221 Seiten mit 93 Abbildungen und 13 Farbabbildungen
auf 8 Tafeln. Broschiert
(Beck's Archäologische Bibliothek)

# Verlag C.H. Beck München